教育文化研究丛书

丁钢 主编

安身立命

中国传统营造匠人的学习生活研究

吴昊瑜 著

教育科学出版社
·北 京·

总　　序

我们为什么开展教育？这首先是一个文化的问题。教育活动作为文化传递与创造的核心，本质上呈现为一种文化现象，影响着民族的思想、道德、风俗、艺术乃至每一世代的认知图式，扎根于民族的文化处境与经验之中。教育文化研究建立在每个个体发展的基础之上，存在于对社会文化情境的理解之中，是对人们所处的教育生活予以倾听、理解和响应，并对日常教育行为和意义实践活动，以及历史与现实之间的教育文化实践的发生与变化做出反应的知识活动。

从这种认识出发，教育文化研究力图突破把文化分为器物、制度和理念三个层面的思维方式，基于不同的视域及语境去考察与探寻教育文化现象的发生发展，从关注宏观转向考察更广泛的基层社会生活与教育变迁，将研究视野下移至更加细致多元的教育文化生活，深入更为细致而多元的活生生的教育生活本身，书写更丰富的细节和实践经验，从而使一个更为广泛或更具整体性的教育文化理解建立在更为多元和更为丰富的经验分析基础上，并使之得到勾勒与呈现。没有细致的、实证性的和个案的深入研究，阐释只能流于空泛。而教育文化研究也致力于打破专精化的学科知识及传统，以更开放的、不断自我反思的精神面对社会问题进行现实意义的寻求。

由此，教育文化研究者在探索、发现教育文化是如何再现、表现和形塑人们的社会生活、身份意识、道德与情感、观念与行动，以及揭示这些教育文化现象在学校教育、公共领域、日常生活和物质文化等方面的实际作用与意义的过程中，运用跨学科的前沿理论视野和多学科的研究方法，形成解释教育文化现象及存在方式的思想、观念和方法的知识生产活动，拓展教育研究的新领域、新方向与新路径。

“教育文化研究丛书”作为一套别具一格的致力于学术开拓的研究丛书，秉承以上研究宗旨，特别呈现了中国教育文化实践的多元形态与丰富内涵。丛书作为教育研究的一项文化行动，基于丰富的历史与现实的实践经验，以强烈的文化关切与强调文化路向的阐释方式，不仅体现了一种文化主体的自觉，还呈现了在理解与尊重本土教育的文化价值的基础上，对如何更为适宜地塑造新的自我的深度思考。

呈现在读者面前的这套“教育文化研究丛书”由九部著作构成。

丁钢所著的《可视的教育：一个图像教化传统》，以跨学科的视野和研究方法，透过对历史变迁中日常教育生活与艺术媒介形式之间关系的探究，将中国历史中的教化图像作为研究对象，通过村童与塾师的生活寓言、讲学方式与空间组构、屏风空间及叙事意向、男耕女织与社会道德契约和嵌入生活的对相杂字等研究议题，呈现了一个独具特色而源远流长的中国图像教化传统。教育图像渗透于生活各方面，给人以视觉感受。当它们反映日常生活、文化、思想和情感世界时，成为一种公共性的对话空间及嵌入生活的独具特色的教育方式。本研究为教育文化研究提供了别样的图像诠释与知识生产路径。

周勇所著的《小说与电影中的教育研究》，从对个体及社会影响很大的非学校教育领域的小说与电影入手，从教育文化研究等角度解读鲁迅、沈从文的经典小说，以及侯孝贤、王家卫、陈凯歌的著名电影作品，揭示其中蕴含的现实社会文化背景乃至日常生活中的教育问题，并为教育文化研究和教育社会学等理论研究贴近生活世界提供经验事实基础，拓展与更新教育理论界既有的刻画学校教育的小说与电影研究，为丰富教育文化研究等理论研究的视野与议题提供新的探索路径和范式参照，同时彰显了将电影及小说引入教育研究的学术价值。

葛孝亿所著的《学业：一个中国家族的教育生活史》，基于人类学田野工作和历史研究，主要运用历史文献、口述史与生活史等研究方法，收集了大量与毛氏家族有关的家族文献、地方史料与口述史料（尤其是教育方面的史料），在历史文献与口述史料交叉互证的基础上，讲述了中国南方内陆省份江西省吉安市郊区的一个家族性村落江头毛家村毛氏家族的历史故事，涉及家族的迁徙史、村落的日常生活、家族的教育观念和教育活动，以及经由教育带来的家族成员的职业变化、社会地位的升降等，并基于对这些事件的叙述，讨论了教育作为重要的文化动力机制，对家族成员的社会流动及个体生命的影响，以及这种流动对于家族结构特别是社会结构所产生的影响。

司洪昌所著的《中国县域学校分布与空间探析》，从空间视角描述中国基层学校的分布，将其放置于县域之中来描述与解释，尝试重述近代以来学校的空间分布趋向、学校分布内在的微观运行机制，通过具体而微地分析学校与人类聚落之间的关系，从理论上描述了胡焕庸线两侧的县域空间类型及其与学校空间布局的文化关联，也从现实出发，描述了特殊类型县域之海岛、飞地、乡镇、村落之中的学校空间分布，并基于具体情境分析影响学校分布的社会与文化因素，理解学校的空间分布，为教育研究提供一种新的空间视野以及政策制定研究的“空间维度”。

吴旻瑜所著的《安身立命：中国传统营造匠人的学习生活研究》，从教育文化研究的视角，以近世营造匠人为样本，切入“工匠”这个在传统中国数量庞大、地位重要但又往往为人所忽视的群体。作者走访苏州香山，拜访香山帮匠人后代，搜寻样式雷家族的遗迹，结合碑刻、史志、家谱、族规、实录等史料，并对比明清之际的中国士大夫和文艺复兴时期的欧洲知识分子对营造和建筑的不同参与方式，试图用一种“类型学”的方式进入营造匠艺内部，考察营造匠艺的范畴类型，还原中国近世匠人的学习生活。

王独慎所著的《身体、伦理与文化转型：清末民初修身教育的历史图景》，聚焦于清末民初（1904—1922 年）新式学校开设的“修身科”，力图透过修身教育的变迁呈现中国近代社会文化演变的内在脉络和历史图景。作者对“修身养性”和“修齐治平”的修身传统进行了理论梳理，继而在教育场域内部考察修身科与现代教育学科的建立、教学文化的转型之间的关系，揭示现代教育的特性；从修身教科书编撰者群体的特征、教科书中伦理谱系的变迁、身体操练与现代性身体的生成等侧面考察修身教育与社会文化的互动。这些不同面向不仅呈现了修身教育的演变历程，同时揭示了“修身”这一文化大传统是如何参与到中国现代文化建构中的。

毛毅静、王纾然所著的《隐约有光：近代上海城市、社会性别与女性职业教育》，将近代女性置于时代和社会嬗变的大背景下，研究新兴的城市公共空间中一群中间阶层女性的求学、就职的心路历程，以“非定向的记传式采访”的口述内容和原始档案还原部分真实历史，并从接受教育和从事职业的女性的主体视角描述女性的受教育过程和职业生涯，以及女性在教育中获得的社会认同和自我实现。同时，该书从妇女史学、文化研究的视野，考察迂回彷徨在闺门与职场内外的一代女性的生存位置与教育立场，为理解教育与女性的职业发展和自我实现之间的关系提供了可能。

陶阳所著的《生活濡化与知识演进：近代学人的早年学习生活图景》，运用个案深描和群体画像的历史叙事方式，呈现了一代知识分子早年的学习生活，探讨了早年所继承的文化遗产对个体文化生产的影响，涉及家宅和自然空间中的新旧知识和情感、学堂小社会中的师生交往、民间社会的礼仪和风俗，以及日常生活中的物件和身体感觉。这些异质性的文化符号和因素构成了个体早年学习生活五彩斑斓的景观，而从中所吸收的认知模式、情感结构、交往方式、文化心理与具身观念，则为个体的学术研究、文艺创作、社会行动、观念形塑等文化生产提供了重要的滋养。

樊洁所著的《性别图景与家庭想象：家政教育文化的近现代转型》，追溯了前现代中国的家政知识生产实践与性别职能的关系，分别从经济话语、媒介展演、知识体系与家庭观念重塑等多重维度，考察与呈现了近现代家政教育文化的转型过程，以及伴随这一过程的 20 世纪初中国性别图景与家庭想象的话语建构，阐明了家政教育何以嵌入知识分子寻求现代家国关系与性别职能的全新阐释途径中。本书认为，家政新知识通过为家庭性别角色提供现代性阐释方式实现了对女性职能的重构，家政教育文化的近现代转型与女性在家庭中获得新知识并形成“现代性自我”的过程密不可分，女性也由此成为促进中国社会文化现代嬗变的重要角色。

本丛书的出版得到了国家出版基金的资助以及教育科学出版社的鼎力支持，在此深表感谢。作为我国第一套教育文化研究丛书，其中的著作选题独特、方法新颖、理论前瞻，而且可读性强，反映了教育文化研究的最新成果，也体现了作者们对于教育文化研究的执着与不懈努力。然而，学无止境，探索依然在路上，诚邀更多志同道合的同人，共同推进教育文化的研究与繁荣。

丁钢

2023 年 2 月于沪上闲云斋

缘　起

数年前，笔者曾造访苏州胥口渔帆村蒯祥园，虽名为“蒯祥园”，实际上纪念的却是蒯祥、计成与姚承祖三位吴地营造大师。尽管出身不同、经历各异，但三人皆被冠以“哲匠”之名。当笔者仔细研读园中所呈现的三人经历之后，一些问题随之浮现了出来：如果说计成的出身算是文人的话，蒯祥与姚承祖却是实实在在的匠人。虽未经科举，蒯祥仍官拜二品。虽只有几年私塾经历，姚承祖也在后来登上了中国第一个建筑系科的讲台。以往对匠人的刻板印象在这两位营造大师面前已冰消瓦解，看来传统中国匠人内涵的丰富性已远远超出了我们惯常的认知。古时苏州香山一带，以杰出营造匠人辈出而闻名，有人甚至直接将苏州的营造匠人统称为“香山帮”。这个群体在明代就已出现，时至今日仍绵延不绝。虽历时数百年，其所营造的建筑的样式、工艺却一脉相承。与许多非物质文化遗产岌岌可危的状况不同，香山匠艺、香山匠人的身影至今仍活跃在许多古建筑营造工地。出于一个教育学研究者的问题意识，笔者不禁想到，是什么样的力量使这个群体能绵延数百年？教育作为一种机制，在这个群体的绵延过程中起到了怎样的作用？该群体的教育方式、学习方式、生活方式究竟是怎样的？这些问题都未有人回答。近年来，“匠人”一词被屡屡提及，“工匠精神”也被赋予了崇高的意涵。但联想到“香山帮”，联想到蒯祥、计成、姚承祖，他们的故事又岂是“工匠精神”四字所能尽诠？进一步来看，“士农工商”虽古已有之，但在这四大群体中，“工”所受到的学术界的关注无疑最少，来自教育学视角的关注则更是稀少。于是，就有了本研究这个以教育学视角切入匠人生活世界的尝试。

目　录

CONTENTS

绪论

以往中国教育史的研究更多的是以“养士教育”（陈东原，2017）[自序3]为中心，它以教养能担任社会领袖、作为未受过教育者表率的所谓“君子”为目标，关注社会上层精英的教育思想，重视“国家教育机构的形成及其演变，重心放在了描述制度的内容及因袭过程”（李弘祺，2005）[2]。广义上看，教育是“传递社会生活经验并培养人的社会活动”（顾明远，1998）[725]；狭义上讲，教育是“根据一定的社会要求和受教育者的发展需要，有目的、有计划、有组织地对受教育者施加影响，以培养一定社会（或阶级）所需要的人的活动”（顾明远，1998）[725]。从这个角度说来，“学校教育”也好，“养士教育”也罢，显然不能涵盖中国传统教育的全部。尤其是发生在传统中国庶民群体内部丰富而生动的教育活动，在这种书写体系下只能退缩到教育史的逼仄一角。在传统中国，以立业谋生为核心、以技艺习得为目标的教育方式是庶民教育的主流，说教育史研究完全没有涉及这部分可能并不确切，事实上职业教育史对此早有涉猎，但是职业教育史更多关注的是其中技艺、技能传承和习得的机制，对传承者精神世界的形塑过程描述甚少。通过这样的书写，庶民教育乃至庶民群体本身被简化了，“教育”与“庶民的技艺教育”也因此仿佛分处在两个截然不同的世界里，前者充满了对主体精神世界产生作用的意义与所指，后者则往往与“工具性”同义。

随着近年来历史学研究愈加关注底层平民，斑斓的中国传统庶民社会及其精神世界日益清晰地呈现在世人面前。作为庶民日常生活的重要组成部分的职业生活，既是其谋生的手段，也是其挖掘意义与价值的重要“场域”，是其“安身立命”的重要基础。实际上，在西方语言中“职业”一词在字面上就蕴含着这两重含义。例如，在英语世界中“职业”（profession）就有“声明”和“宣誓”（professing）两重含义：既要“声明”自身掌握了比其他人更多的某方面知识，同时也要对此“宣誓”。德语中描述“职业”的词语是 akademischer Berufsstand，其中 akademischer 的意思是“学术研究的”，词根 Beruf 源于拉丁文的“圣召”“宗教召唤”，而 Stand 则有“领地”的意思。德语“职业”一词的字面意思就是以学术研究的方式占领的具有召唤意义的领地，“谋生”与“超越”的两层含义不言自明。在汉语中，“职业”一词并没有如此意涵。一般认为，在儒家观念中“读圣贤书”才是中国人的“第一等事”，其余皆为“下品”。诸如阿伯特（A. Abbott）等西方学者索性就认为“中华帝国没有专门化的专家”（阿伯特，2016）[467]，但从传统中国实际情况来看却并非如此。自宋代之后，“治生”之论逐渐为儒家接受，《朱子语类》曾载朱熹之语：“问：吾辈之贫者，令不学子弟经营，莫不妨否？曰：止经营衣食，亦无甚害。”（朱熹，1986）[2752] 到了明代，王阳明则比朱熹进了一步，如《传习录拾遗》第十四条指出：“果能于此处调停得心体无累，虽终日作买卖，不害其为圣为贤。”如果说朱、王等大儒对“治生”尚有戒惧，民间则早已将“治生”与“读书”等同起来。《明万历婺源县江湾萧江氏宗族祠规》载：“执艺不同，皆有常生之理，为士者必安于勤励明经，为农者必安于耕种田地，为工者必安于造作器用，为商者必安于出入经营，为贾者必安于家居买卖。至若无产与赀，不知匠艺，则为人佣作，皆是生理。能安生理，衣食亦自安足，俯仰无累，门户可支。”（卞利，2014）[286] 清代陈确（1979）[158–159] 更是从根本上扫除了“治生”与“读书”之间的矛盾，甚至认为“治生尤切于读书”，其《学者以治生为本论》一文曾这样论述：“确尝以读书治生为对，谓二者真学人之本事，而治生尤切于读书。……唯真志于学者，则必能读书，必能治生。天下岂有白丁圣贤、败子圣贤哉！岂有学为圣之人而父母妻子之弗能养，而待养于人者哉！”除了“治生”，还须“恒业”，《清雍正休宁县茗洲吴氏宗族家规》载：“族众或提携之，或从它亲友处推荐之，令有恒业。”（卞利，2014）[139] 所谓“恒业”，指的是长久从事某一职业，甚至是跨越世代的。在明清两代的族规家训中，对“恒业”的提倡比比皆是，可见“恒业”在当时已经不仅仅是人们为了谋生的权宜之计，从某种角度而言已成为一种“价值追求”。通过上文的论述可以看出，近世以来，工商业的合法性已越来越不成问题。但是，仅有合法性（legitimization），没有合理性（rationality），也不能使人“恒业”。只有一方面从职业中获得收益（实现工具理性），另一方面又从中开掘出价值与意义（实现价值理性），“恒业”才能成为可能。由此来看，传统中国庶民职业生活所蕴含的层次可能比我们想象的更加丰富。正如同“技艺”一样，职业生活中的价值与意义不仅需要开掘，更需要传承与绵延，否则“行”的生成、“百年老店”都无从谈起。那么，传统中国庶民阶层在“治生”过程中所依靠与形成的“技艺”和“精神”如何传承、如何绵延？教育在其中起到了怎样的作用？这些问题都需要解答。

对于庶民阶层“治生”技艺的习得，以往的研究更加着眼于“艺徒制”这一具体教育形式，如俞启定、和震（2012）[21]主编的《中国职业教育发展史》就说：“艺徒制现又称师徒制或学徒制，也就是师傅带徒弟的制度，是我国古代工艺技术教育的最主要的形式。”这样说当然没错。如果从“教”的角度来看，学徒期大概是庶民阶层“治生”技艺习得最为密集、最为正式的一个阶段，但正如笔者将在后文中揭示的那样，普通人在学徒期间所习得的技艺对于其“职业”而言只能说是“略窥门径”，所谓“师傅领进门，修行靠个人”即是此意。实际上，庶民“治生”技艺的习得往往贯穿一生，与其生产、生活联系紧密，可以说他们的“职业生活”就是他们的“学习过程”，称其为“终身学习”应当是恰如其分的。因此从实际情况来看，与其说庶民“治生”技艺是被动“教育”的，不如说是主动“学习”的；而对庶民“治生”技艺习得过程的观察也就需要打破“学徒期”的时间局限，从“职业”本身入手，甚至拉长到他们的一生，以窥见其中技艺与精神传承的秘密。但是就既有研究来看，这样的视角并不多见。

另外，职业与职业、行业与行业之间存在着极大的差异，这种差异就表面来看呈现为职业或行业中所包含的知识与技艺的差异，但同时也反映在“精神”层面。要将这样的差异如以往职业教育史研究那样笼统地涵盖在“手工业”这一名词之下，一方面无疑将湮灭各行、各业内部的丰富性与复杂性，另一方面也无法将具体的职业知识与精神的传承过程原原本本地还原出来。诚如蓝克利（2010）[前言1]所言：“专业知识的传递不大可能一开始就通过固定的行业传承下来，而是要通过不同的技术、文化和社会渠道才能获得传承。”“行业化是不同社会阶层互动关系的结果。”换言之，要考察技艺传承，必须着眼于具体的行业本身，将其置于具体环境背景和历史社会结构中加以考察，但在以往教育史的书写过程中这样的研究几近阙如。

于是笔者选取了营造匠人群体作为标本对传统中国庶民群体的“治生”技艺习得过程进行考察，其原因是：从世界范围来看，营造（或曰“建筑”）是一项复杂工程，需要大规模的协同配合；对各种文化来说，建筑都有着重要的意义——它不仅是栖身之所，更是文化符号；工艺的复杂性使得技能习得精进的过程旷日持久，所指的丰富性造就了各类建筑营造文化，这为我们剖析问题提供了充裕的空间。一般而言，营造属于中国建筑史的研究范畴，长期以来中国建筑史研究更加关注建筑本身，重在阐释建筑结构、式样的流变及其机制，对于匠人这一营造者群体及其营造过程关注甚少，对作为传统中国建筑学教育内容的营造匠艺习得的研究更几乎是空白。当然，中国传统建筑是个极为宽广的领域，但本书的重点不是讨论传统建筑的结构、式样、流变以及背后机制这样的建筑史学问题，而是试图从类型学的角度回答下列几个问题：第一，中国传统建筑营造的技艺与知识究竟有着怎样的内涵与外延？第二，面对这样的技艺与知识，营造匠人采取了一种怎样的“学习方式”和“策略”？第三，营造技艺和知识与传统中国其他领域的知识有着怎样的关系？第四，其他领域的知识是怎样与营造技艺和知识发生关系的？第五，这样的关系对匠人产生了怎样的影响？

首先需要界定几个核心概念。

（1）匠人。今天我们通常把手艺工人统称为匠人，或把“工”与“匠”等而视之，这与匠人的原初意义是有出入的。根据《说文解字·匚部》，“匠，木工也。从匚从斤。斤，所以作器也”，段玉裁（1981）[635]

的注解是：“匠，木工也。工者，巧饬也。百工皆称工，称匠。独举木工者，其字从斤也。以木工之称引申为凡工之称也。”将匠人理解为“木工”恐怕是不准确的，按《考工记·总叙》中的说法：“国有六职，百工与居一焉。……审曲面执，以饬五材，以辨民器，谓之百工”（闻人军，2021）[1]，“凡攻木之工七，攻金之工六，攻皮之工五，设色之工五，刮摩之工五，抟埴之工二。攻木之工：轮、舆、弓、庐、匠、车、梓”（闻人军，2021）[10]，可见“匠人”只是“百工”之一，且只是七种“攻木之工”中的一种。又据《考工记》，匠人的主要职责是选择城池、宫室的地理位置（即所谓“建国”），建造城池、宫室（即所谓“营国”），修建沟渠等农业水利工程（即所谓“为沟渠”）。从这个角度看，“匠人”最初就是“营造工匠”的意思。随着历史的发展，本来作为下位词的“匠”逐渐与上位词“工”合流，遂有工匠并称。到了元代，随着匠籍制度的严密，“工”与“匠”又再次分流，有了“工在籍谓之匠”（何庆先 等，2003）[42]的说法，也就是说只有在匠籍的“工”才被称为“匠”。到了清代，随着匠籍制度的废除，“工”“匠”两词又再度被等量齐观，也就形成了今日意义上的“工匠”概念。本书所谓的“匠人”大体与今日通行的“工匠”一词相当，但考虑到原初意义，笔者在本书中仍使用“匠人”一词。

（2）营造。“营造”一词正式进入现代中国学术视野应当始于1930年朱启钤创立中国第一个专门研究中国古代建筑的学术机构——营造学社。在《中国营造学社缘起》一文中，朱启钤（2009）[6]提出：营造所用名词术语，或一物数名，或名随时异，……凡建筑所用，一甓一椽，乃至冢墓遗文、……尤当征作资料。可见，在朱启钤等学者的概念体系中，

“营造”“建筑”两词差别不大。今天无论是在学术领域还是在日常生活中“建筑”一词被广泛使用，但根据徐苏斌（2010）[10-50]的研究，“建筑”一词自古就有，但主要是作动词使用，其含义与今日“architecture”意义上的“建筑”并不相同。“中文中‘建筑’作为动词使用，其意本出于以土夯‘筑’的延伸，主要用于指土、石，并可能随用砖的逐渐普及，而扩展至砖石工程类以至一般房屋的建造。”（诸葛净，2011）“建筑”从动词转化为名词，是在日本完成的（路秉杰，1991）[27-30]。“营造”一词直至隋唐都作动词使用，乐器、舟车、铠甲、宫室等的建造都可用“营造”一词。但到了唐五代以后，“营造”则专指房屋、城郭的建设。到了明代，“营造”的专门含义为大众所接受，“营造”同时也成为相关职业的代称（诸葛净，2011）。从上述来看“建筑”“营造”并无太大区别，实际上“营造”这个词恰恰反映出传统中国对建筑建造的独特理解。如前所述，唐和五代以前“营造”一词可指涉乐器、舟车、铠甲等物品的创制过程，在今天，我们将这些物品都视为“手工艺品”，“手工艺”更加关注产品的制造过程。将建筑与乐器、铠甲等同列，实际上凸显了中国古人更加关注建筑的建造，“而没有将各种被建造物视为具有共性、可以独立推敲研究的对象”（诸葛净，2011）。这样的重建造的观念似乎也就注定了匠人在“营造”过程中将发挥更大的作用。朱启钤在《中国营造学社开会演词》中说：本社命名之初，本拟为中国建筑学社。顾以建筑本身，虽为吾人所欲研究者，最重要之一端，然若专限于建筑本身，则其与全部文化之关系仍不能彰显，故打破此范围，而名以营造学社，则凡属实质的艺术，无不包括。由是以言，凡彩绘、雕塑、染织、髹漆、铸冶、抟埴、一切考工之事，皆本社所有之事。（朱启钤，

2009）[18]朱氏之语稍显夸张，但就实际来看，“营造”的确所涉广泛。仅从《营造法式》来看，在宋代，营造一事就包括了大木作、小木作、石作、雕作、旋作、锯作、竹作、瓦作、泥作、彩画作、砖作、窑作等门类。到了明清营造技艺更细分为大木作、装修作（门窗隔扇、小木作）、石作、瓦作、土作（土工）、搭材作（架子工、扎彩、棚匠）、铜铁作、油作（油漆）、画作（彩画）、裱糊作等。虽然分工细密，但也有条不紊：在营造过程中，一般以木作作头为主、瓦作作头为辅，其作为整个施工的组织者和管理者，控制整个工程的进度和各工种间的配合。（刘托 等，2013）[丛书序3]由此可见，大木匠人在其中所起到的作用最大，因此本书将以大木匠人作为主线展开论述。

（3）传统。本书所说的传统，或者说本书所研究的匠人所处的时段，大致为日本历史学家内藤湖南所提出的“宋代近世说”中的“近世”。内藤湖南认为与唐代之前的“中世”相较，唐宋之后的中国出现了极大的变化，这种变化在政治上表现为贵族政治的式微和君主独裁的出现，经济上表现为货币和商品经济的发达，学术文艺的性质亦有明显变化（刘俊文，1992）[10-18]。内藤湖南将这个时代称为近世，这个说法经京都学派其他历史学家的发展产生了极大的学术影响。笔者选取“近世”作为论述的“时间域”基于以下三点考虑。第一，从建筑史的角度来看，中国建筑在五代、宋、辽、金等朝代“作风手法，特征显著，规例谨慎，循旧制之途径，增减嬗变不已”（梁思成，2001a）[16]，而到了元、明、清三代，虽然“奠都北平，都市、宫殿之规模，近代所未有”，但“此期间建筑传统仍一仍古制”（梁思成，2001a）[16]。虽然这一观点在今天已受到挑战，比如汉宝德（2014）[5-35]就认为“一仍古制”的仅仅是明清两朝的宫殿建筑，但中国建筑的结构特点在宋代已基本趋向稳定却也是不争的事实。第二，比建筑结构的稳定性更为重要的是营造方式的稳定性。《营造法式》颁定之后，以“材份制”为基础的中国特色的建筑“模数化”营造方式被确立下来，建筑建造过程的“营造”特征更加显著。当然这并不意味着宋代以前的建筑就没有采取这种“模数化”的营造方式，只是宋代以前的木结构建筑在今天几乎已湮灭殆尽，目前已没有实物证据证明之前的建筑情况。另外，在《营造法式》之前并没有相关的文献证据对这种“模数化”营造模式加以佐证。更重要的是，《宋史·职官志》记录了“土木工匠”以“法式”传授为核心的教育内容：“庀其工徒而授以法式，寒暑早暮，均其劳逸作止之节。”（脱脱 等，1977）[3917] 从这点来看“模数化”营造模式在宋代已蔚然成风。而从此后的《工部厂库须知》《工程做法则例》《鲁班营造正式》《营造法原》来看，这种“模数化”的营造模式在宋代以后被一以贯之地承继下来。第三，如果从匠人群体本身着眼的话，从宋代开始该群体就逐渐市场化、自由化。根据冻国栋（2004）[229] 的研究，唐宋时期官府工匠有专门的匠籍，“虽散出诸州，却‘不贯州县’。又家专其业，一入工匠后，便‘不得别入诸色’。……变化在于‘纳资代役’的普遍化与‘和雇制’的推广，在‘驱役不尽’及‘别有和雇’的情况下可以纳资，不必亲上”。元代的匠籍制度比较严密，元代由于认识到工匠对增强军事力量的重要性，因此特别注重对工匠的获取，一些工匠还被委任为负责生产的官员，因此元代工匠的社会地位要高于其他人户。明代初期沿袭了元代的匠籍制度，根据《明会典·工匠》，明代在籍工匠分为轮班匠和住坐匠两种。成化二十一年，“轮班工匠有愿出银价者，每名每月南匠银九钱，免赴京。……北匠出银六钱，到部随即批放。不愿者，仍旧坐班”。嘉靖四十一年“将该年班匠通行折价类解，不许私自赴部投当”。住坐匠始终要按时当班，但无论住坐匠还是轮班匠，应差“无工可造”时，均可“自行趁作”。考虑到匠户在明代中后期已可参加科举，甚至出现了严嵩这样的匠籍首辅，实际上匠籍在明代的中后期已不具备约束力。顺治二年，清廷颁发了废除手工业者匠籍制度的谕令，同时免去了向全国轮班匠征收匠班银，匠籍制度终于寿终正寝。随着匠人群体的市场化、自由化程度的提升，国家对匠人的控制力逐渐削弱，行会对匠人的影响日益增加，匠人的生产方式、生活方式、教育方式因此发生了巨大而深刻的变化，如高水平匠人的民间经营和融生产经营与匠艺学习为一体的师徒制在此之前是无法想象的。唐代柳宗元（1979）[477–478] 曾著有《梓人传》一文，详细描述了唐时官署的建造过程：

> 其后京兆尹将饰官署，余往过焉。委群材，会群工，或执斧斤，或执刀锯，皆环立。向之梓人左持引，右执杖，而中处焉。量栋宇之任，视木之能举，挥其杖，曰：“斧！”彼执斧者奔而右；顾而指曰：“锯！”彼执锯者趋而左。俄而，斤者斫，刀者削，皆视其色，俟其言，莫敢自断者。其不胜任者，怒而退之，亦莫敢愠焉。画宫于堵，盈尺而曲尽其制，计其毫厘而构大厦，无进退焉。既成，书于上栋曰：“某年某月某日某建”，则其姓字也。凡执用之工不在列。余圜视大骇，然后知其术之工大矣。

通过后文的论述可以发现，实际上及至清末，屋宇的营造方式也大体如此。本书虽然涉及时段较长，但就营造技艺的发展、匠人生活及教育方式的变迁而言，这近千年的时光却着实不长，也因此本书以“近世”作为讨论的时间域应当是可以成立的。

（4）学习生活。所谓学习，一般有两重含义：“作为结果，指由经验或练习引起的个体在能力或倾向方面的变化。作为过程，指个体获得这种变化的过程……。按内容可分认知的、情感的和运动技能的三大类。”（顾明远，1998）[1815] 在学习科学的视野中，所谓学习是指由经验引起的学习者知识的变化（梅耶，2016）[14]。这里有两点值得注意：第一，知识不仅包括事实，还包括程序、概念、策略以及信念；第二，在学习科学的视域中学习是由学习者在环境中的经验引起的。正如后文所要揭示的那样，学徒期对于营造匠人而言只能使他们对营造知识及技艺初窥门径，且在此过程中师傅的“教”起到的作用极其有限（在一些匠人看来，师傅的“教”甚至可能成为徒弟成长的羁绊）。“教”的分量不重，“学”却伴随匠人的终身。笔者引入了学习生活的概念，这一概念可能与一般意义上的学习生活有所不同，这里所要强调的是营造匠人的学习与其生活尤其是职业生活密不可分，甚至可以说营造匠人的学习就是浸润在其生活过程中的。由于学习是浸润性的，所以我们很难铢分毫析地辨别出在他们的世界里哪些是学习、哪些是生活。对于营造匠人学习的考察必须扩大视野，将他们的生活世界纳入进来。

随着近年来学界对传统中国庶民社会的日益关注，学者们对工匠等手工业者群体越发重视。一方面，研究主体主要集中在历史学、社会学领域，从教育学角度对工匠知识、技能传承所做的专门研究非常少见；另一方面，目前的研究更多是把手工业者视作一个整体，分门别类地对某一群体进行深入探讨的也不多见。因此对中国近世以来营造匠人学习生活的研究就更加罕见，相关领域的研究提供了有益的视角和借鉴。

在今日的学术分野中，营造属于建筑学和建筑史学范畴，对营造最初的研究也是起于这两个学科。最早对中国营造予以关注的是中国营造学社，朱启钤、梁思成、刘敦桢等中国营造学社成员的考察与研究确立了对中国传统建筑及营造的研究范式。梁思成对宋代《营造法式》和清工部《工程做法则例》的注释、刘敦桢对《营造法原》的关注使得后来学者能够一窥中国传统营造的门庭，两人对中国传统建筑及营造的思考主要体现在两人分撰的建筑通史书中。建筑史学界向来有“南刘北梁”之说，对于刘敦桢著《中国古代建筑史》与梁思成著《中国建筑史》孰高孰低也是见仁见智，但“至今为止，两部通史中所蕴藏的知识含量，思想内容，史料性和真实性、精准性和可靠性，尚无个人的中国建筑通史专著能够超越”（陈薇，2008）却是共识。由于梁、刘二人的建筑学学科背景，两部著作更加侧重对中国传统建筑的样式、结构的流变的描述与阐释，对建筑的艺术方面比较重视，对建筑的技术方面则注意不够，对营造实践的关注就更加有限，作为营造实施者的匠人在这两部著作中几乎是缺席的。当然两部著作论述各有侧重、篇幅有限制，我们不能对此责之过苛。后来的建筑史著作有相当多的补充，比如傅熹年主编的《中国科学技术史·建筑卷》和五卷本《中国古代建筑史》都大幅增加了中国传统建筑的技术内容，但所录技术多为建筑的材料技术、结构技术，对具体的营造过程及其所蕴含的营造技术却着墨不多。中国科学院自然科学史研究所编的《中国古代建筑技术史》一书介绍了中国古代建筑的营造过程及其技术，但传统营造过程中诸如“选择、禁忌、制式、典章”等一些“文化”因素，均被视为“糟粕”而遭摒弃，实际上这些因素在传统营造过程中占有非常重要的地位，将这些因素从营造中割裂出去无疑是对传统中国营造的“断章截句”。国外对传统中国建筑技术的研究首推李约瑟的《中国科学技术史》，在该书第四卷“物理学及相关技术”第三分册“土木工程与航海技术”中有相当大篇幅介绍中国传统建筑，但该书更多的是站在西方物理学的立场上思考中国古代建筑的相关问题，因此更加关注建筑的材料与结构技术，对营造过程着墨不多。对于传统中国建筑中的制式、典章等文化因素，王贵祥的《中国古代人居理念与建筑原则》、傅熹年的《中国古代建筑工程管理和建筑等级制度研究》等专著都进行过探讨，但对选择、禁忌和微观的营造过程也着墨不多。在此方面，西方学者曾进行深入的研究，鲁克思（Klaas Ruitenbeek）在其《中华帝国后期的木工与建筑：15 世纪木匠手册〈鲁班经〉的研究》一书中研究了明清时期房屋建造过程中的风水测算与典礼；白馥兰（Francesca Bray）在其《技术与性别：晚期帝制中国的权力经纬》和《明代中国的技术与社会（1368—1644）》中探讨了房屋的空间与典章礼制、宗教哲学、文人趣味等因素之间的关系，但这些研究都没有充分关注营造中技术性的因素。总体来说，上述研究的主要着眼点是作为“物”的“建筑”，而非作为“事”的“营造”，对于营造承担者的匠人就更没有给予应有的关注。

在传统中国，匠人的社会地位低下，对于该群体的记载散见于各种典籍。这里有必要区分两个概念，即作为传统中国手工业者群体统称的“匠”（这个意义上的“匠”按其工作性质可以分为“官匠”与“民匠”两类）和作为一种户籍身份的“匠”。需要指出的是两者之间并没有确定的关系（如前所述，在明代有匠籍者在平时也可从事民间生产，在某些官方生产活动中有时也会雇用民间匠人）。由此还牵扯出另外两个概念："工官"与"匠官"。所谓"工官"，指的是在传统中国从事手工业及工程管理的官员，而所谓"匠官"则专指那些出身匠人未经过科举而获得官员身份的人。在中国历史上，"工官"大多是由科举出身的文人担任的，"匠官"仅在明清两代出现。对于"工官""匠官"制度，历代正史中有相关记录，但对于作为普通手工业者的匠人（尤其是具体的匠人个体）正史鲜有记录。在现代学术界最早关注作为普通手工业者的匠人的还是中国营造学社，连载于《中国营造学社汇刊》的《哲匠录》（杨永生，2005）收录了营造、叠山、锻冶、陶瓷、髹饰、雕塑、仪象、攻具、机巧、攻玉石、攻木、刻竹、细书画异画、女红等十四类凡于工艺上曾著一事、传一艺、显一技、立一言者，并将这些匠人冠以"哲匠"之名。在《哲匠录》的基础上，喻学才写成了《中国历代名匠志》。这两部著作虽然只是材料的汇辑，未对匠人进行深入研究，但工作的基础性自不待言。除了上述两部以匠人为中心的史料集，同样提供了大量有关近世工匠群体史料的还有《中国工商行会史料集》《中国近代手工业史资料》《明清苏州工商业碑刻集》《明清以来苏州社会史碑刻集》《江苏省明清以来碑刻资料选集》《清代工商行业碑文集粹》等。以往对工匠的研究主要有两大视角。其一是从经济史的角度考察作为经济活动参与者的匠人群体的历史流变，全汉升的《中国行会制度史》、曲彦斌的《行会史》、童书业的《中国手工业商业发展史》、陈诗启的《明代官手工业的研究》、段本洛和张圻福的《苏州手工业史》就是这方面的著作。值得一提的是彭南生的《行会制度的近代命运》和余同元的《传统工匠现代转型研究——以江南早期工业化中工匠技术转型与角色转换为中心》两部著作，前者从行会变迁的角度考察了学徒制的演变，后者分门别类地论述了明清江南工匠转型的经济社会机制。也有一些专门的经济史著作提到了匠人群体的一些情况，如樊树志的《明清江南市镇探微》、李伯重的《江南的早期工业化（1550—1850年）》等。其二是从社会史的角度考察历史进程中匠人的身份变化。张映莹等的《中国古代营造类工官》系统介绍了中国古代的营造类工官制度，此外还有陈诗启的《明代的工匠制度》、高荣盛的《元代匠户散论》、胡小鹏的《元代的系官匠户》、刘永华的《明代匠籍制度下匠户的户籍与应役实态——兼论王朝制度与民众生活的关系》、刘莉亚与陈鹏的《元代系官工匠的身份地位》、冻国栋的《唐宋历史变迁中的“四民分业”问题——兼述唐中后期城市居民的职业结构》、罗丽馨的《明代匠户之仕官及其意义》与《明代匠籍人数之考察》等文章。国外学者对近世中国匠人的相关研究有蓝克利的《中国近现代行业文化研究：技艺和专业知识的传承与功能》和爱德华·露西-史密斯的《世界工艺史：手工艺人在社会中的作用》。总体来说，在上述两类研究中匠人是以手工业者群体面貌出现的，研究没有深入某一工匠群体内部，更没有对营造类匠人的考察。根据上述内容，我们可以得出这样的结论：一方面，在既往建筑学、建筑史学的研究中匠人的作用被低估了，对于营造过程及匠人的地位和作用所论甚少；另一方面，既往对工匠群体的研究中，几乎没有对营造类匠人专门的研究。此外，更需要指出的是，无论是对营造还是对匠人，既往研究都是在建筑学、历史学的架构中展开的，教育学基本没有涉及，对营造类匠人的教育和学习生活的研究更是无从谈起了。

本书将从教育学的角度，以传统营造匠人为标本，切入对工匠这个在传统中国数量庞大、地位重要但又往往为人所忽视的群体的研究。需要指出的是，本书并非建筑史或营造史著作，营造只是笔者考察这一类群体的“语境”。正如前文所述，本书试图用一种“类型学”的方式进入营造匠艺内部，考察营造匠艺的范畴类型，而不是对全部匠艺做一一论述。在这里，所谓的“匠艺”，指的是一个匠作领域所涵盖的全部知识与技能。本书将要论证，营造匠艺是一个复杂的“知识－技艺”体系，传统职业教育研究所关注的“手艺”只是整个营造匠艺体系中的一项初阶“技能”；而在“学徒期”这个通常被认为最为正式的“学习”阶段，工匠能学到的也只是作为营造匠艺初阶技能的“手艺”的一小部分。朝廷的典章、社会的风俗、上层的趣味以及营造本身的逻辑这些“知识－技艺”体系中的“高阶技能”是需要匠人尽其一生去学习与掌握的，而这些知识与技艺的掌握和营造匠人能否实现经济、社会地位的上升息息相关。福柯认为，知识的“规训”（discipline）是其他“规训”的基础（霍尔 等，2002）[232]，实际上“规训”一词同时也有“学科”的意思。尽管不能与今天意义上的“学科”等量齐观，但传统“营造匠艺”事实上已经形成了一个“学科”。正如我们将要揭示的那样，在这个“学科”的“建构过程”中，文人士大夫阶层的话语起到了重要作用，其影响甚至从“匠艺”的“知识层”扩展到了“技能层”，成为指导和制约“手艺”的重要因素。通过这样的建构，营造匠艺被纳入传统中国的知识体系和文化体系。批判理论认为，“社会世界的组织方式产生了一种通过文化安排来对社会成员形成的实际统治”（霍尔 等，2002）[231]，实际上这种“学科”的建构本身就是一种“文化安排”，而营造匠人们也乐于接受这种

“安排”，甚至在这种安排中实现了自身的“安身立命”。

士农工商，四民分业。在传统中国，工匠地位低下，史料散佚四方，颇难搜寻。为了搜寻相关史料，笔者走访了苏州香山，拜访“香山帮”匠人后代，在前辈学者的帮助下走进国家图书馆搜寻样式雷家族的遗迹，更加体会到匠人资料的稀缺。在碑刻、史志、家谱、族规、实录等凌乱的材料中，笔者尽可能地还原中国近世匠人的学习生活。本书共分六部分。第一部分是全文的“绪论”。第一章“营造匠艺的构成：以《鲁班经》[①]为中心”在阐述中国建筑的基本特点及中国人居观念的基础上，以《鲁班经》为经，以其他材料为纬，从类型学的角度还原传统中国“营造匠艺”的知识构成。第二章“心传与文授：营造匠人的学习生活”一方面还原营造匠人的学徒生涯的全貌，探究学徒阶段匠人学习的特点；另一方面通过分析《营造法式》和《营造法原》两部“匠家教科书”，尤其是针对《营造法原》这部“原汁原味”的“匠家记录”，比较《姚承祖营造法原图》与张镛森用现代建筑学方法增编后的《营造法原》，试图找出传统中国“匠家教科书”的特点。第三章“匠作之路：营造匠人的职业生涯”结合营造匠人的知识发展与生涯发展，探讨传统中国知识“体系”如何通过影响营造匠人的生涯发展进而影响营造匠艺。第四章“匠艺世界的进入路径：明清之际与文艺复兴”对比明清之际文震亨与计成等中国文人对匠艺的参与以及文艺复兴时期西方知识分子对建筑学的参与，揭示中西两种文化的不同取向及对建筑和匠人产生的影响。“结语”部分对全书进行了总结。

---

① 《鲁班经》流传至今，有多个版本和书名，如《鲁班营造正式》《鲁班经匠家镜》等。

第一章 营造匠艺的构成：以《鲁班经》为中心

营造匠艺究竟包含哪些成分？要回答这个问题，还须进入近世以来营造匠人的生产世界。目前留存于世的论述古代建筑的著作共有九部，分别是《考工记》《营造法式》《梓人遗制》《鲁班经匠家镜》《学宫图说》《园冶》《工程做法则例》《工段营造录》《营造法原》。九部专著侧重点各有不同，其中详尽记载近世营造匠人营造活动全过程的文献有两部：一部是传说为明代北京提督工部御匠司司正午荣汇编的《鲁班经匠家镜》，一部是清代李斗撰写的《工段营造录》。考察两部文献，可以发现其所记载的营造活动过程相近，考虑到《鲁班经匠家镜》成书远较《工段营造录》早，且传播范围更广，因此本章以《鲁班经匠家镜》为经，考察近世以来营造匠人的生产世界，并揭示其中的匠艺构成。作为基础，本章首先阐述传统中国的建筑特点和人居观念。传统中国的建筑特点与人居观念互为表里、相互作用，正是这样的建筑特点与人居观念赋予了营造匠人在营造过程中的地位。

一、传统中国的建筑特点、人居观念及对匠人参与营造过程的影响

中国古代的建筑活动至少可以上溯到7000年以前，经过数千年的发展，逐渐形成了一种延续时间最长、从未中断、特征明显而稳定、流播范围很广的有很强适应能力的建筑体系（江晓原，2015）[295]。中国建筑在长久发展过程中所形成的某些特点与匠人匠艺有着紧密的联系，需要专门指出。梁思成（2001a）[7-8]在《中国建筑史》中指出中国传统建筑的七大特点，其中“以木料为主要构材”“历用构架制之结构原则”是两大首要特点。与西亚和欧洲不同，砖石结构建筑在中国历史上始终未得到大量使用，全木架构房屋以构架承屋顶或楼层之重，墙壁是围护结构，只承自重，室内可以不设隔壁，外墙上可以任意开门窗，甚至可以建设没有墙壁的敞厅（江晓原，2015）[317]。古代木架结构有柱梁式、穿斗式和密梁平顶式三种主要形式，其中柱梁式使用范围最广，历代官式建筑都采用此式，华中、华北、西北、东北地区的人们也用此式来建屋。穿斗式流行于华东、华南、西南，但这些地区的大型寺观、重要建筑仍大多用柱梁式。密梁平顶式构架是用外墙和内柱柱列共同承托屋顶部分的水平木架构，是土木混合结构，主要流行于新疆、内蒙古、西藏各地。

在设计上，传统中国“至迟到唐代已发展出一套用模数、扩大模数和模数网格为规划设计基准的方法”（江晓原，2015）[325]。所谓“模数”，是指在建筑设计中，为了实现建筑工业化大规模生产，使采用不同材料、不同形式和不同制造方法的建筑构配件、组合件具有一定的通用性和互换性，统一选定的协调建筑尺度的增值单位。建筑模数是指选定的尺寸单位，作为尺度协调中的增值单位，也是建筑设计、建筑施工、建筑材料与制品、建筑设备、建筑组合件等各部门进行尺度协调的基础，其目的是使构配件安装吻合，并有互换性（周戒，2010）[155-156]。在古代中国，从单体建筑到大型建筑群组，甚至城市规划都运用了模数制的设计方法。“材份制”是传统中国单体建筑的模数制设计方式，《营造法式》卷第四“大木作制度一”有“凡构屋之制皆以材为祖，材有八等，度屋之大小因而用之”（李诫，2013）[71]，“各以其材之广分为十五分，以十分为其厚。凡屋宇之高深，名物之短长，曲直举折之势，规矩绳墨之宜，皆以所用材之分，以为制度焉”（李诫，2013）[73]两句，点出了宋代营造的“材份制”。根据陈明达（1981）[209]的研究，材份制“确实是一种相当完善的古代模数制，是当时房屋结构及建筑设计的根本原则”。在宋代“房屋结构及建筑是用标准化、定型化的设计方法。使用模数‘份’，固定份数变动份值，使规模大小不同的同类房屋，以及它们的每一种构件的尺寸，都是几何相似的，成正比例的”（陈明达，1981）[216]。而这种以“材高”为模数的设计方法在南北朝后期已出现，经过宋代发展，逐渐成为其后历朝建筑设计的基本方法。“建屋时，只要确定了性质、间数，按所规定的材的等级和‘分’数建造，即可建成比例适当、构件尺寸基本合理的房屋。这种模数制的设计方法可以通过口诀在工匠间传播，不需绘图即可设计房屋、预制构件，有简化设计、便于制作、保持建筑群比例风格大体一致的优点。中国木架构房屋易于大量而快速组织设计和施工，采用模数制设计方法是重要原因之一。”（江晓原，2015）[325]“材份制”的广

泛使用使得传统中国建筑的“设计性”大大降低，也使得专门司职建造的匠人在单体建筑物营造过程中的作用大大提升，因此也就出现了计成在《园冶》中所提到的“世之兴造，专主鸠匠，……一梁一柱，定不可移”（计成 等，1988）[47]的匠人主导传统中国建筑营造的局面。中国传统建筑外观式样层出不穷，有人可能因此而有所质疑，但正如清代专事皇家营造的兴隆木厂第十四代传人马旭初所言，“其实结构尺寸是死的，只是外表样子你改了”（王春元，2013）[34]。

再来看传统中国的人居观念。在中国古代，除了栖身之外，建筑最主要的功能恐怕就是“礼”了，即“别尊卑”“序伦常”。《礼记·内则》中说：“礼，始于谨夫妇。为宫室，辨内外。男子居外，女子居内。深宫固门，阍寺守之，男不入，女不出。”根据杜正胜的研究，这种观念逐渐定型为普遍规范的“前朝后寝”“前堂后室”以及厅堂居中等更为复杂的传统中国建筑的院落配置模式（黄应贵，1995）[216-223]。郭文亮认为，从功能的角度来看，这些配置模式其实是传统伦常的空间化，是一种区别角色、节制行为的工具，具有驯训的功能（胡恒，2015）[61]。此类功能，透过空间的格式化，形成一种反复运作于日常生活的深层结构，搭配明确的礼制规则，执行伦理的规范。这种建筑空间布置与礼制伦常的紧密联系在中国历史上被反复强调，朱熹《朱子家礼》引用司马光《涑水家仪》中的论述：“凡为宫室，必辨内外，深宫固门，内外不共井，不共浴室，不共厕。男治外事，女治内事。男子昼无故不处私室，妇人无故不窥中门。男子夜行以烛，妇人有故出中门，必拥蔽其面。男仆非有缮修及有大故，不入中门。入中门，妇人必避之，不可避，亦必以袖遮其面。女仆无故不出中门，有故出中门，亦必拥蔽其面。铃下苍头，但主通内外之言，传致内外之物。毋得辄升堂室，入庖厨。”（朱熹，2010）[883] 以上所述大致还是普通家庭的一般房屋。至于皇家宫室，其“礼制”的功能就更加明确，《大戴礼记》对“明堂”的功能作出说明：“明堂者，所以明诸侯尊卑。外水曰辟雍。南蛮、东夷、北狄、西戎。”（黄怀信，2005）[917–918]《宋史》记载了太祖赵匡胤感叹建筑空间与轴线的功用的话语：“汴京新宫成，御正殿坐，令洞开诸门，谓左右曰：‘此如我心，少有邪曲，人皆见之’。”（脱脱 等，1977）[49] 此种例证在历史上比比皆是。这样的“礼”在后来被逐渐确定下来，进入“律”，形成了一整套严密的建筑等级制度。

营造不仅需要“守礼”，还须“节用”。在中国古代“大兴土木”往往是与“失德亡国”联系在一起的。《论语·泰伯》中就记录了孔子称赞大禹的话：“禹，吾无间然矣。菲饮食而致孝乎鬼神，恶衣服而致美乎黻冕，卑宫室而尽力乎沟洫。”“卑宫室”成为儒家对建筑营造的一种价值取向。中国古代帝王中秦二世、魏明帝、陈后主、隋炀帝、宋徽宗都因为违反了“卑宫室”的原则，而背有“建筑亡国”的骂名（张良皋，2002）[226]。隋代的宇文恺以营建洛阳闻名，《隋书》评价他“其起仁寿宫，营建洛邑，要求时幸，穷侈极丽。使文皇失德，炀帝亡身，危乱之源，抑亦此之由？”（魏征 等，1973）[1599] 将“起仁寿宫，营建洛邑”与“文皇失德，炀帝亡身”联系在一起。李诫撰写《营造法式》的目的除了厘清营造制度外，还希望“丹楹刻桷，淫巧既除；菲食卑宫，淳风斯复”（梁思成，2001b）[3]，即消除鲁庄公那样“丹其楹而刻其桷”的不合制度的淫巧之风，恢复大禹那样节衣食、卑宫室的勤俭风尚。这种“卑宫室”的理念不仅影响了皇室，也影响了普通百姓，绵延进入了寻常百姓

的家谱、族规，如清道光婺源县龙池王氏宗族家法说“节财用。理财之道，入之无数，不如出之有节。苟能节用，则所入虽少，亦自不至空乏。尝见世之好华靡而不质实者，鲜不坏事。……凡土木之事，不得已而后作……。能如此，则是守富之道”（卞利，2014）[225-226]。清光绪绩溪县东关冯氏宗族家规也有如下规定：“房舍如式，服饰从俭，毋僭侈繁华，有干刑宪。”（卞利，2014）[156]

需要指出的是“守礼”也好，“节用”也罢，其根本目的在于“教化”。萧何为刘邦营建未央宫为后人诟病，但王夫之在《读通鉴论卷二·汉高帝》中却持有不同的观点，他充分认识到建筑对人的“教化”功能，认为人们到佛寺、道观中叩拜祈福并非仅仅因为遵从教义，建筑本身的形式也发挥了巨大的作用：“释老之宫，饰金碧而奏笙钟，媚者匍匐以请命，非必服膺于其教也，庄丽动之耳。愚愚民以其荣观，心折魂戢而荧其异志，抑何为而不然哉？”他进而认为未央宫虽然看似奢华，但宫内各种建筑可以使君臣知天、知孝、知治、知时、知让，最终实现“教化”功能。“奏九成于圜丘，因以使之知天；崇宗庙于七世，因以使之知孝；建两观以县法，因以使之知治；营灵台以候气，因以使之知时；立两阶于九级，因以使之知让。即其歆动之心，迪之于至德之域，视之有以耀其目，听之有以盈其耳，登之、降之、进之、退之，有以诒其安。然后人知大美之集，集于仁义礼乐之中，退而有以自惬。非权以诱天下也。”在王夫之看来，未央宫对贤明之人能起到“得其精意”的“教化”作用，“愚不肖者”则能“矜其声容，壮丽之威”，因此可谓至矣。从这个意义上讲，“营造”当然具备了“载道”的功能。

此外，传统中国并无西方那种千方百计使建筑不朽的观念。儒家当然有“不朽”的观念,《左传》就记载了鲁国大夫叔孙豹关于“不朽”的阐述:“太上有立德，其次有立功，其次有立言，虽久不废，此之谓不朽。若夫保姓受氏，以守宗祊，世不绝祀，无国无之。禄之大者，不可谓不朽。”显然建筑并不在此列。庄子在《逍遥游》中嘲讽了普通人对“不朽”的不切实际的追求:“小知不及大知，小年不及大年。奚以知其然也？朝菌不知晦朔，蟪蛄不知春秋，此小年也。楚之南有冥灵者，以五百岁为春，五百岁为秋；上古有大椿者，以八千岁为春，八千岁为秋。而彭祖乃今以久特闻，众人匹之，不亦悲乎？”因此,“对于中国人而言，一座古老建筑的倾圮是天经地义的。旧的不去，新的不来，古老的建筑如同一件破旧衣服一样，并没有保留的价值。老成凋谢，令人惋惜，然为势所必然，不如以愉快的心情迎接新的一代”（汉宝德，2008）[205-206]。对于中国人的这种建筑观念，明代来到中国的利玛窦深有感触，在札记中他写下这样的话:“从房屋的风格和耐久性看，中国建筑在各方面都逊于欧洲。事实上，究竟这两者中哪个更差一些，还很难说。在他们着手建造时，他们似乎是用人生一世的久暂来衡量事物的，是为自己盖房而不是为子孙后代。而欧洲人则遵循他们的文明的要求，似乎力求永世不朽。中国人的这种性格使得他们不可能欣赏表现在我们的公私建筑中的那种富丽堂皇，甚至不相信我们告诉他们的有关情况。”（利玛窦 等，2010）[20] 梁思成（2001a）[14] 也注意到了这种“与其他建筑之历史背景迥然不同”的“不求原物长存之观念”:“古者中原为产木之区，中国结构既以木材为主，宫室之寿命固乃限于木质结构之未能耐久，但更深究其故，实缘于不着意于原物长存之观念。盖中国自始即未有如古埃及刻意求永久不灭之工程，欲以人工与自然物体竟久存之实，且既安于新陈代谢之理，以自然生灭为定律；视建筑且如被服舆马，

时得而更换之，未尝患原物之久暂，无使其永不残破之野心。”

从上述可以看出，在传统中国人的观念世界中，建筑与营造实际上成为传递“道统”、塑造人格、实施教化的途径与工具，但这恰恰阻碍了建筑本身的发展，抑制了知识阶层投入其中的热情。一方面，“礼”与“法”在相当程度上限制了传统中国建筑发展的可能性；另一方面，“卑宫室”的观念又使投入建筑营建的“正当性”变得暧昧。再加之营造始终无法跻身“立德、立功、立言”的范畴，在传统中国的语境下不可能不朽，因此传统中国知识阶层投入营造活动的动力也就可以想见了。实际上，中国古代文人尽管留下了大量有关建筑的文本，但更多的是对建筑形制式样、空间位置、历史背景的描摹，如《洛阳伽蓝记》这样详细记录建筑规制的文本在中国古代并不多见，而记录建筑营造流程、结构特点的文本几近阙如，至于对建筑、营造活动进行反思更是无从谈起了。这当然不能说古代文人与营造活动绝缘，如唐代著名诗人王维与白居易就分别参与了辋川别墅与庐山草堂的建造，但至少可以表明中国古代文人对建筑营造的知识性参与是不足的。凡此种种也为“匠人”在营造过程中“大展身手”提供了可能性。

二、营造匠艺的构成

“营造”包含了建筑从“设计”到“施工”的全过程，对近世营造匠艺构成的探讨需要深入近世“营造”过程的各个环节。本节借助《鲁班经》窥见近世以来“营造”的全过程。

《鲁班经》有多种版本流传，并非一部确定的著作。根据解静等的研究，流传于世的较早版本有元代《鲁般营造正式》（天一阁藏本）、明代《新镌京板工师雕斫正式鲁班经匠家镜》（故宫藏本）、明代《新镌京板工师雕斫正式鲁班木经匠家镜》（国家图书馆藏本）、明代《新镌京板工师雕斫正式鲁班经匠家镜》（国家图书馆藏本）等（解静 等，2015）。除《鲁般营造正式》外，其余版本大同小异，略有出入，可以认为是同一本书。其中《鲁般营造正式》的篇幅仅为《鲁班经匠家镜》的八分之一，且其内容全部被收入后者。所谓“匠家镜”，是匠作、家具的指导用书之意，“镜”有指南、手册的意思。刘敦桢（2007a）[8]认为，明中叶以来，《鲁班营造正式》以长江中下游为中心，传布于附近诸省。陈耀东（2010）[2]认为《鲁班经》反映了从明代起在南方（大致为安徽、江苏、浙江、福建、广东一带）流传的民间建筑做法。沈黎（2011）[80]认为，《鲁班经匠家镜》是在长江中下游以南地区流传的民间营造用书。万历丙午汇贤斋刊刻本卷端下署“北京提督工部御匠司司正午荣汇编，居匠所把总章严仝集，南京御匠司司承周言校正”，虽然可能是伪托，但是也反映其与北京有所关联。在明代初期和中期的北京营造中，江南工匠的地位非常重要，《鲁班经匠家镜》极有可能就是由江南工匠带到京师，并且在那里再度整编刊行的。《鲁班经匠家镜》和“香山帮”营造技术也有一定的关联。因此，以《鲁班经》为中心来考察中国近世以来营造匠人的生产世界是可行的。

根据《鲁班经匠家镜》，营造顺序分为画起屋样、入山伐木、起工架马、画柱绳墨并齐木料开柱眼、动土平基、定磉扇架、竖柱、上梁、折屋、盖屋、泥屋和砌地十二步。画起屋样是营造的第一步。“木匠接式，用精纸一幅画地盘阔狭深浅，分下间架或三架、五架、七架、十一架，则

随主人之意。或柱柱落地，或偷柱及梁栟使过步梁、眉梁、眉枋，或使斗磉者，皆在地盘上停当。”（午荣，2003）[39] 这应该是匠人和主人讨论房屋设计、确定方案的过程，是营造的第一步。当与主人确定好房屋式样、估算用料之后，匠师须“入山伐木”，并将所伐之木运入施工现场。根据《鲁班经》，入山伐木要计算伐木日辰及起工日，不可犯“穿山杀”，砍伐地点要选择“平坦处”，还要计算好所伐木材根数；木材到场后要注意木料堆放地点，不可堆放“黄杀方”，犯“皇帝八座”“九天大座”。（午荣，2003）[1] 木料入场后，就进入正式施工环节，其中第一步是“架马破木”。“架马”是将木材毛料架在三角马上。根据《鲁班经》，匠人兴工，一方面要按照祖式架马（午荣，2003）[7]，另一方面则要根据新立宅、拆除旧宅、坐宫修方、移宫修方（所谓修方，即在住屋内左右两旁，或在屋墙外左右两旁修造）等不同情况选择不同的架马方法（午荣，2003）[10–13]。架马后即开始裂解木料（破木）。由于架马、破木为建造之始，至关重要，所以也要择日，《鲁班经匠家镜》提供了吉日参考。此外，修造之时“东家”、“西家”（即业主的邻居）还要“起符”，直到修造完备才能“卸符安镇宅舍”。施工的第二步“画柱绳墨并齐木料开柱眼”就是匠师根据与业主确定的房屋样式，对木料进行建筑构件的预制加工。对于施行“材份制”这样的模数设计方式的中国传统营造来说，这一步至关重要。其后就是“动土平基、定磉扇架”，“动土平基”就是为建筑物建造地基，“定磉扇架”中的“定磉”指的是在建造好的地基上安放磉石板（磉石板上放置鼓磴，用于支撑木柱），而“扇架”则是指将木制构件分榀拼装成屋架。“动土平基”与“定磉”属于石作，《鲁班经》主要针对的还是木作，所以具体细节并未详述，《营造法原》第一章“地面总论”则对此交代甚细。需要指出的是，“起工架马”和“动土平基”，一项是木工的工作，一项是石工的工作，因此孰前孰后并不一定。从《营造法原》（姚承祖，1986）[1]来看，在苏州地区“动土平基”在前，“动土”在当地被称为“开脚”，是房屋营造最基础的一项工作。开脚的深浅视承重的大小而定。相对于墙壁，柱的负重更大，所以开脚也必须更深。如果在水田淤泥中起筑墙垣及磉窠，必须开挖至生土（即老土，未经挖填的坚实土壤），然后加桩并打夯石领叠，在结实的基础上再用塘石、乱石纹脚，这样才便于“驳砌”。由于开脚关系到房屋的安全，因此匠师对此相当谨慎，“平地及水田泥地之开脚，系据平时通用尺寸，然仍须视房屋之荷重及土壤之负载量，以计算决定、较为妥当”（姚承祖，1986）[2]。接下来是“竖柱”“上梁”，所谓“竖柱”是将“扇架”竖立，“上梁”是指安装建筑物顶梁。在中国传统中上梁是建房中最紧要的一道程序，尤其是安装建筑物屋顶最高的一根中梁更是重中之重，因为栋梁被视为主人荣昌与否的主宰，往往要安排盛大的“上梁仪式”。由于上梁的重要，《鲁班经》花了极大篇幅来细述仪式全过程，具体可参见原文，在此不赘述。营造过程的最后四步是“折屋”“盖屋”“泥屋”“砌地”。“折屋”即是“举折”“举架”。梁思成（2001b）[158]在《营造法式注释》指出“折屋”（宋称“举折”，清称“举架”）是取得屋盖斜坡曲线的方法。“举折”和“举架”虽然都使屋盖成曲面，但出发点和步骤则完全不同。“举折”先按房屋进深定屋面坡度，将脊槫先“举”到预定的高度，然后从上而下，逐架“折”下来，求得各架槫的高度，形成曲线和曲面。“举架”却从最下一架起，先用比较缓和的坡度，向上逐架增加斜坡的陡峻度。因此，最后“举”到多高，仿佛是“偶然”的结果（实际上不是）。使用这两种不同的方法得出不同的曲线，形成不同的艺术效果和

风格。就古建筑屋架的结构而言，最繁难、最玄妙之处亦在屋顶，“凝结着中国人较多智慧与巧思的屋顶梁架结构作为整个单体建筑构架的核心，充分体现了中国古建筑独特的结构特征与审美理念”（李大平，2009），而“折屋”就是使屋顶进而使建筑整体兼具功能与美感的核心。“盖屋”是在“折屋”之后修盖屋顶。当屋顶修盖完毕后，房屋的框架结构几近成形，随后就是进行屋墙和地面的建造（“泥屋”与“砌地”）。至此，营造才算基本完成。以上所录只是《鲁班经》所记载的施工程式，仅为全书第一卷的一小部分。除上述内容之外，第一卷还有施工诀窍介绍（如断水平法、定盘真尺）、匠师工具介绍（如鲁班尺、曲尺）、房屋用料估算（三架屋后车三架法、五架房子格、正七架三间格、正九架五间堂屋格）、房屋式样（秋千架、小门式、搜焦亭、造作门楼、五架屋诸式图、正七架格式、王府宫殿、司天台式、寺观庵堂庙宇式、装修祠堂式、神厨搽式、营寨格式、凉亭水阁式）、造屋宜忌（造屋间数吉凶例、郭璞相宅诗三首）等。第二卷主要是仓敖、桥梁、圈舍等建筑以及家具的式样。第三卷是起造房屋的宜忌图例。全书对程式、估料、工具、工艺、式样这些营造匠人（尤其是大木匠人）在营造过程中可能触碰到的事物均有涉及，但相关介绍只能说浅尝辄止。

从《鲁班经匠家镜》所载的营造过程中可以看出中国近世营造匠艺的构成。“手艺”自然是营造匠艺的首要构成要素，构件的各按规制、合成的天衣无缝都需要营造匠人的精湛手艺。“手艺”部分笔者将在后文论述。除了手艺，“营造匠艺”还包括哪些要素？笔者认为，从《鲁班经匠家镜》来看，至少包括制图、典章、算诀、术数四类。

（一）制图

从《鲁班经匠家镜》来看，至少在“画起屋样”和“画柱绳墨并齐木料开柱眼”两个阶段，营造匠人是需要展现其制图技艺的。但这两个阶段所需要的制图技艺并不相同。先来看“画起屋样”。明代散曲家陈铎曾写过一首描写木匠的散曲：“凭规绳较短长，靠矩准分尺丈。要包工不讲钱，图揽主先呈样。艺业果高强，行次尽伏降。朽烂能脱换，阶基惯打量，竖起了前堂，缺少料才开帐。合上了中梁，闲杂人都讨赏。”（路工，1956）[8]要“揽主”先“呈样”，然后才能“包工”“讲钱”。赴业主处承揽工程的一般都是“作头”一级的高级匠师，他们只有精绘画、能打样才能讨得业主欢心，得到工程，可见制图技能对于匠师的重要性。据《香山小志》记载，明代香山著名匠师、曾经参与营造故宫的蒯祥就善于制图绘画，“能以双手握笔画双龙，合之如一”（徐鸣时 等，2020）[300]。为了承包业务，此阶段所画图样须相当详细（张玉瑜，2010）[15]，但实际上于施工却是无益的。《姚承祖营造法原图》中有两张灵岩寺大殿图，如图 1-1 和图 1-2 所示，根据落款应是姚承祖亲手所画，这两幅图原汁原味地展示了清末民初“屋样图”的面貌。

这两幅图最大的特点是将立面图与结构图合于一处，这样的图对施工来说一无用处，但对业主来说，能直观地看到将要建造的房屋的细节，大有裨益。再来看“画柱绳墨并齐木料开柱眼”，这实际上就是中国古代建筑的构件设计及制作阶段了。营造大木匠人一般有平面图（《营造法式》与《鲁班经匠家镜》中称为“地盘图”）、剖面图（《营造法式》中称为“侧样图”）和篙尺三种图（张玉瑜，2010）[15]。前两者“可以帮助

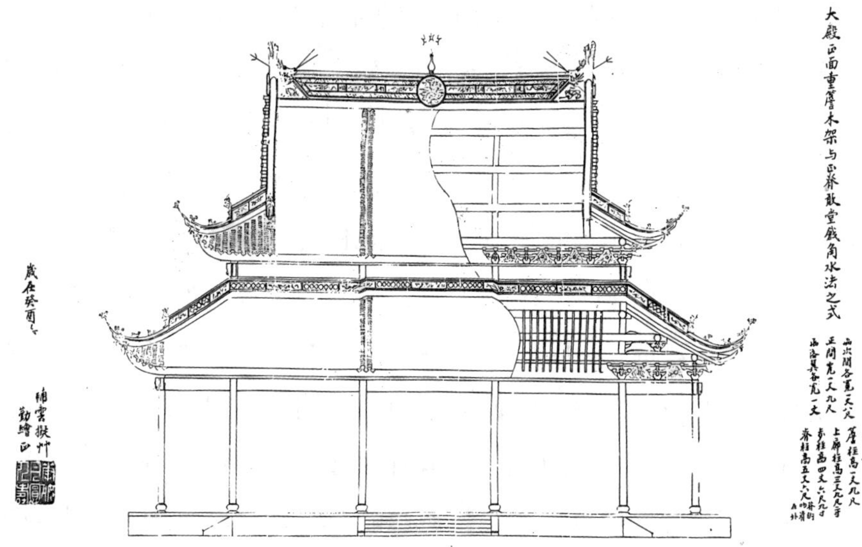

图 1-1 灵岩寺大殿正面图（姚承祖，1979）

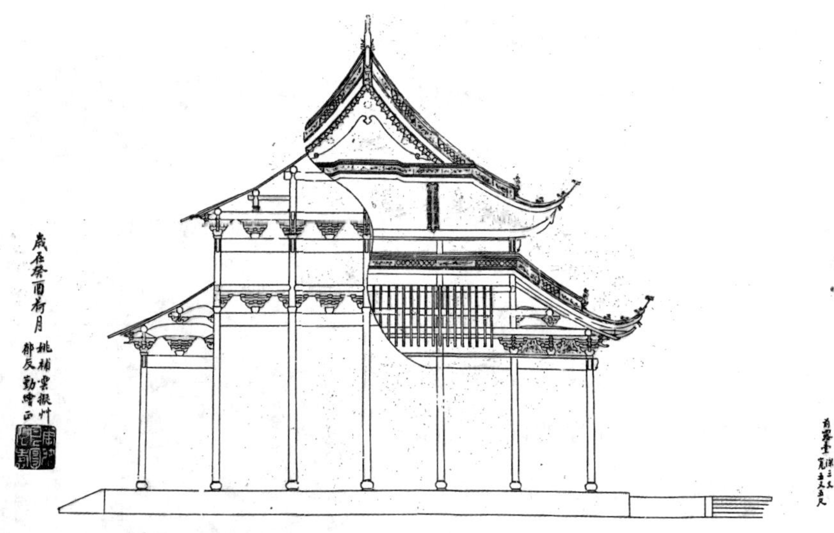

图 1-2 灵岩寺大殿侧面图（姚承祖，1979）

布局与放样施工，但在架构及格局上变化有限”（胡恒，2015）[70]，实际上在传统中国的营造过程中真正起类似现今“施工图”作用的只有“篙尺”，因此“甚至连图纸也并非必要，篙尺可以取代其他的图纸形式而完成营造的目的”（张玉瑜，2010）[15]。“篙尺”也作“稿尺”，是通用于闽南地区的名称，但在中国其他地区，甚至日本，都有功能相同、用于记载各类构件与局部尺寸的工具，如丈篙、丈杆、尺棒、番付。“将心中所构筑的一栋立体建筑表达成简化的符号和线条的形式，此即为篙尺。”根据张玉瑜、朱光亚（2005）的研究，在传统营造过程中大木匠人往往会在一根宽 2 寸至 5 寸的杉木料上，依构件在扇架上的标高顺序自中脊往下画至柱脚。篙尺画好后悬挂于工寮中，施工过程中由几位把头匠师将篙尺上的讯息转换成具体的制作尺寸弹到木料上以供其他木匠制作，营造完成之后按传统习惯应将篙尺保存在建筑中以备将来修建之用。从这个意义上讲，篙尺已不能全然算“画”，从篙尺中我们也可以看到中国传统建筑“模数制”的特征（见图 1–3）。

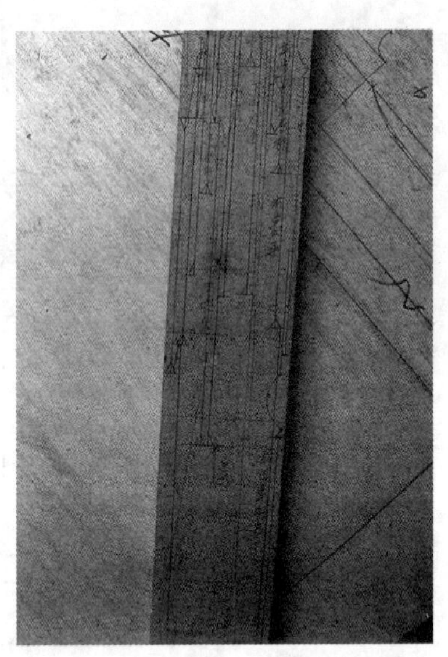
图 1–3　篙尺（胡恒，2015）[72]

在这里需要指出的是，无论是屋样图还是平面图、剖面图、篙尺，都需要营造匠人熟悉建筑的整体结构，这已经属于匠人的高阶技能，是只有“把作”（即主导营造过程的匠人）才具备的。在中国传统建筑营造过程中，工地会搭“台房”，“把作”会在其中将图样画在木板上，其他人未经允许，

不得入内。图样用完即刨，目的就是防止偷师（沈黎，2011）[83]。

（二）典章

虽然《鲁班经匠家镜》中有“分下间架或三架、五架、七架、十一架，则随主人之意”（午荣，2003）[39]的说法，但在中国古代造屋远不能如此随意。中国历史上实行着严格的建筑等级制，明清两代尤甚。明代对王公、百官、庶民的住宅都订有制度。据《大明律》《明史·舆服志》，明洪武元年对官员和庶民住宅等级就作出了规定：

> 房舍并不得施用重栱、重檐，楼房不在重檐之限。职官一品、二品，厅堂七间九架，屋脊许用花样兽吻，梁栋、斗拱、檐桷彩色绘饰；正门三间五架，门彩油及兽面铜环。三品至五品，厅堂五间七架，许用兽吻，梁栋、斗拱、檐桷青碧绘饰；正门三间三架，其门黑油兽面摆锡环。六品至九品，厅屋三间七架，梁栋止用土黄刷饰；正门一间三架，黑门铁环。庶民所居堂舍，不过三间五架，不用斗拱、彩色雕饰。（怀效锋，1999）[250]

到了洪武二十六年，又作出了更加细致的规定：

> 明初，禁官民居屋不许雕刻古帝后圣贤人物及日月、龙凤、狻猊、麒麟、犀象之形。凡官员任满致仕，与见任同。其父祖有官，身殁，子孙许居父祖房舍。
>
> 洪武二十六年定制：官员营造房屋，不许歇山转角、重檐、重

栱及绘藻井。惟楼居重檐不禁。

公侯：前厅七间两厦九架。中堂七间九架，后堂七间七架。门三间五架，用金漆及兽面锡环。家庙三间五架，覆以黑板瓦，脊用花样瓦兽，梁、栋、斗拱、檐桷彩绘饰。门窗、枋、柱金漆饰。廊、庑、庖、库、从屋不得过五间七架。

一品、二品：厅堂五间九架，屋脊用瓦兽，梁、栋、斗拱、檐桷青碧绘饰。门三间五架，绿油兽面锡环。

三品至五品：厅堂五间七架，屋脊用瓦曾，梁、栋、斗拱、檐桷青碧绘饰。门三间三架，黑油锡环。

六品至九品：厅堂三间七架，梁、栋饰以土黄。门一间三架，黑门铁环。

品官房舍：门窗户牖不得用丹漆。

功臣宅舍之后，留空地十丈，左右皆五丈，不许那（挪）移军民居止。更不许于宅前后左右多占地构亭馆、开池塘，以资游眺。

（洪武）三十五年申明禁制：一品三品厅堂各七间，六品至九品厅堂梁栋只用粉青饰之。

庶民庐舍：洪武二十六年定制，不过三间五架，不许用斗拱饰彩色。三十五年复申禁饬：不许造九五间数，房屋虽至一二十所，随其物力，但不许过三间。正统十二年令稍变通之，庶民房屋架多而间少者，不在禁限。（张廷玉 等，1974）[1672]

对官署、官邸、墓葬、寺观等的规制也有具体的规定。以寺观为例：

> 凡寺观庵院，洪武三年令：除殿宇、梁栋、门窗、神座、案桌许用红色，其余僧道自居房舍，并不许起造斗拱、彩画梁栋及僭用红色什物、床榻、椅子。六年令：凡各处僧道寺观，金彩装饰神佛龙凤等像，除旧有外，不许再造。（申时行 等，1989）[396]

《钦定大清会典》也载有第宅制度，其目的主要是通过等级制度，保持各级贵族、官员在住宅上的级差，但对百姓、商人住宅的规模、堂的间数等未作详细规定，可能是因为基本上沿用了明制，无明显改变（傅熹年，2012）[151]。

对于上述规制，营造匠人必须清楚了解，否则即便不是业主，只是承建，也须担责。根据《大明律·礼律二·仪制》“服舍违式”条：“凡官民房舍车服器物之类，各有等第。若违式僭用，有官者，杖一百，罢职不叙。无官者，笞五十，罪坐家长。工匠并笞五十。若僭用违禁龙凤纹者，官民各杖一百，徒三年。工匠杖一百，连当房家小，起发赴京，籍充局匠。违禁之物并入官。首告者，官给赏银五十两，若工匠能自首者，免罪，一体给赏。”（怀效锋，1999）[94]《大清律例》中也有相同律条。明清两代经济发达，富民、富商等有实力建豪宅的业主层出不穷。面对如此刑罚，当然也有对策。例如在北京，许多大宅虽然正房只限三间，但可通过在正房两侧建两间、三间的耳房，实际上形成中间高大、两侧较低的七间、九间并列的北房，还可建多进院落和东西跨院，形成巨宅。而在江南等地，则可通过中间夹建备弄来分割的方法，建造较大的连排住宅。在装饰方面，虽规定用黑色漆并限制“画栋”，但民宅多通过“雕梁”和加各种石雕、砖雕来增加装饰，实际效果比用彩画更雅致和精致一些（傅熹年，2012）[157]。由上述可知，营造匠人是需要掌握一定的典章知识的。

（三）算诀

虽然“模数”对于传统中国建筑营造起到了至关重要的作用，但在具体营造过程中匠人仍然是需要进行计算的。从《鲁班经匠家镜》所记载的营造过程来看，至少在“画柱绳墨并齐木料开柱眼”这一“构件加工”阶段和“折屋”阶段是需要大量计算工作的。那么营造匠人又是如何进行计算的呢？目前这方面的史料非常稀少，但“旁证”中的一些蛛丝马迹提供了些许线索。样式雷家族是清代的营造世家，主持了圆明园、颐和园等皇家园林、宫殿、陵寝的建造，在中国建筑史上占有重要的地位。“清代样式雷档案”中有几何算法抄本，记载了一些口诀，兹录其中几条如下：

五边形

（一）五角，每面求角至面中用一五四五扣，每面求角至中用八五三五扣，每面求面至中用六九一五扣，每面求三角至三角用一六二五扣。

（二）五角，斜有每面正宽若干用一二三五因，搭斜角用一空二三因。

六边形

（三）定六角歌：六角龙上走，二面倍作有，若按平中取，勾股将股剖，平口半是股，三角作弦瓦，求得股总数，将来分半绺，归

了又折半，五七八自有，又捷法用五八因之。

（四）六角，每面求角至角用二扣。每面求面对面用一七三二扣。每面求面至中用八六六扣。

八边形

（五）八角，每面求角至角用二六一二扣。每面求面对面用二四一四扣。每面求三角至三角用一八四七扣。每面求角至中用一三空六扣。每面求面至中用一二空七扣。……八角，斜有每面正宽若干用一空八二因，搭角斜用一四一四因。

（六）定四大面四小面，四大面以面对面进深四分之二定之，四小面以进深四分之一定之，又用一四一四加料定之。

（七）定八角面阔歌，系八角容方法，八角原来从内方，内方分中斜之长，长将内方须减去，余留折半作勾详，另将内方半为股，勾股求弦宽自揭。若以面对面中取，四面二数可当。又法用四一四因之。（刘畅，2014）[66-101]

其中，口诀（一）是已知正五边形边长求算其他关系的比率。口诀（二）是有了五边形外接圆求算内切圆的倒数比率，以及再求与该五边形“搭角相交”的内切圆中内接正五边形边长的倒数比率。口诀（三）是已知面与面距离为 1，求得每面约为 0.578（精度略低，实际值为$\sqrt{3}/3$，更接近 0.577）。口诀（四）则是已知六边形边长，求六边形内其他关系，口诀中明确表达出正六边形各对角线的长度是各边长的 2 倍。口诀（五）是已知正八角边长，求主次对角线、对面距、外接圆半径和内切圆半径。口诀（六）描述的不是正八角，而是正面是通面阔一半，斜面比正面小，仅为通尺寸$\sqrt{2}/4$的抹角正方形。口诀（七）大致概括了八边形边长和总宽之间的关系（刘畅，2014）[66-101]。五边形、六边形、八边形被广泛运用于亭和塔的建设中，营造匠人要修建多边形亭、塔必须掌握相应的算法。相较西方，中国古代几何学发展缓慢，如没有圆周360度的概念，也没有完全数学意义上的黄金分割（刘畅，2014）[98]，这使得通过推理、演算求得正多边形的边、角的关系变得相当困难。口诀的运用却使得这一过程从“算”变为了“记”，营造匠人在实际工作中只需依照口诀施行，难题自然迎刃而解。这种“口诀计算”的方法古已有之，《营造法式》就记录了多条“谨按《九章算经》及约斜长等密率”定出的比例算法口诀。但从上面所录的口诀来看，中国匠人所依凭的“数学工具”却并不精确，极有可能是巧匠先凭经验做出实物再进行测量得到的数据。刘畅（2014）[99]就记录过老北京裱糊匠通过纸条打结做出正五边形，然后放样，进而进行房间装修的故事，可见这种做法确实存在。

上述口诀所能解决的只是部件的“计算”，屋宇全局又是如何“计算”呢？前文笔者曾论及“材份制”这种中国传统建筑特有的“模数制”营造方法。正如前文所引，“这种模数制的设计方法可以通过口诀在工匠间传播，不需绘图即可设计房屋、预制构件”（江晓原，2015）[325]。换言之，对于营造匠人而言，在面对屋宇全局时“算”也如同其面对构件一般变成了“记”。需要指出的是“材份制”的“标准规定”并不意味着匠师就“无所作为”了。与砂石不同，木材会随时间的变化发生形变，因此为了安全，“材份制”在“标准”之外还留有一定的伸缩余地，匠师在建造时就要考虑伸缩幅度，做到“规矩绳墨之宜”中的“宜”（陈明达，1981）[210]，而“这部分应是多年经验积累所得”（江晓原，2015）[325]。

“折屋”是使屋顶和建筑整体兼具功能与美感的核心，无论是“举折”还是“举架”都需要几何算法支撑，那么“折屋”的计算又是如何实现的？《营造法原》对此有详细的记载。在《营造法原》中“举折”被称为“提栈”，并有专门的“提栈总论”一章。《营造法原》认为“提栈”是“房屋界深相等，两桁高度自下而上，逐次加高，屋面坡度亦因之愈后而愈高”（姚承祖，1986）[12]，可见《营造法原》中的“提栈”与“举架”更类似。在《营造法原》“提栈总论”中录有提栈歌诀（姚承祖，1986）[14]：

民房六界用二个　厅房圆堂用前轩
七界提栈用三个　殿宇八界用四个
依照界深即是算　厅堂殿宇递加深

仅从《营造法原》来看，营造匠人早已将算法化为口诀，便于记忆、操作。《营造法式》中也有关于“举折”的描述，虽不是口诀，却也甚为详细，足可使人按文照办。综上，中国传统建筑的营造是需要算法支撑的，但营造匠人将这些算法转化为了口诀，实现了营造过程中从“算”向“记”的转化。

（四）术数

术数，又称“数术”。术，指方术；数，指气数、数理，即阴阳五行生克制化的数理。古人将从自然界所观察到的各种变化与人事、政治、社会的变化结合起来，认为两者有某种内在关系，这种关系可用术数来归纳推理。于是，术数便被用来推测个人甚至国家的命运吉凶。后世把凡是运用这种阴阳五行生克制化的数理以行占卜之术的，皆纳入术数范围，如星占、卜筮、六壬、奇门遁甲、相命、拆字、起课、堪舆、择日等（陈永正，1991）[22]。《鲁班经匠家镜》中有大量“术数”内容，主要涉及堪舆与择日，贯穿于从“入山伐木”开始的营造全过程。以“入山伐木”为例，前文提到的“穿山杀”“黄杀方”“皇帝八座”“九天大座”皆为古代术数、堪舆用语。所谓不可犯“穿山杀”，意指进山采木不要选择在与当年“太岁”对冲的方位，中国古代“选择诸书均以太岁对冲之方为岁破，最凶之神，所以伐木起工若犯其方，就会冲犯太岁，故大凶”（午荣，2003）[1]。实际上整部《鲁班经匠家镜》对建筑营造技术的介绍非常简单，书中仅记述单体建筑，没有群体建筑的内容；对大木作介绍得非常简单，除柱高、段深、面阔外，对构件本身的尺度（如直径、高宽）及结构做法等只字不提，未提及是否出檐和出檐多少，也不提门窗的做法等（陈耀东，2010）[96]，但对营造中的禁忌选择、术数堪舆记之甚详。陈耀东（2010）[96]甚至认为，匠师们写书的目的是使徒弟们熟悉了解建筑行业的工作范围，以适应社会和业主的需要。根据陈耀东（2010）[96]的研究，当时民间建筑营建活动，一是要有业主，二是要有职业的堪舆师，三是要有匠师。业主根据自己的财力对建筑提出规模、内容、形式及装修等方面的要求，之后就得请堪舆师根据风水、流年等进行相地与选择（即选择地基、建筑朝向及各工期的开工吉日）、修造起符等工作，竣工后进行魇镇及禳解，匠师则要根据堪舆师选定的基址方位、排的良辰吉日，按传统的尺法、做法进行营建。在明代堪舆师的社会地位与报酬比匠师要高，出于职业竞争的要求，匠师深感自己也需具备相地、选择及

禳镇等方面的发言权，以防堪舆师之流在营造中染指、兼替其职能，这也符合小城镇及农村业主财力有限而不愿支付过多堪舆费用的实际，以及小城镇及边远农村也难以随时找到合适的堪舆师的实况。但堪舆选择在彼时属于一个“专门”领域，一般匠师很难入门，于是如《鲁班经匠家镜》这类的相宅、选择“指南式”“备查式”书籍自然产生了。可见近世营造匠师需要掌握简单的术数知识。

客观地讲，《鲁班经匠家镜》在选择、堪舆等术数方面备查的意义远比作为工程实施指南来得大。以工具为例，《鲁班经匠家镜》并未介绍斧、锯、凿等匠师在日常营造活动中使用的一般工具，唯独介绍了鲁班尺和曲尺及其用法。鲁班尺与曲尺实际上并非单纯意义上的测量工具。鲁班尺又被称为“门光尺”，古人认为按此尺丈量确定门户，可以光宗耀祖。此尺间分八寸，每寸刻度上均写明吉凶之意及其相应的谶纬之语，分别为“财、病、离、义、官、劫、害、吉（也作‘本’）”，其中“财、义、官、吉”四字为吉，“病、离、劫、害”四字为凶。营造“开门”时要用鲁班尺衡量，以门户尺寸压在哪一字上确定吉凶。从《鲁班经匠家镜》介绍鲁班尺后所配鲁班尺诗八首来看，吉凶也不恒定。例如“义”字、“官”字本来属吉，但根据“义字”诗、“官字”诗（午荣，2003）[46]，有时又会发生变化：

义字

义字临门孝顺生，一字中字最为真，
若在都门招三妇，廊门淫妇恋花声。
于中合字虽为吉，也有兴灾害及人，

若是十分无灾害，只有厨门实可亲。

官字

官字临门自要详，莫教安在大门场，
须防公事亲州府，富贵中庭房自昌。
若要房门生贵子，其家必定出官廊，
富家人家有相压，庶人之屋实难量。

从以上两首诗可以看出，“义”字门若安在都门和廊门上为凶，庶民百姓安“官”字门亦为凶。“病”字本来属凶，但根据“病字”诗（午荣，2003）[45-46]，若将“病”字门安在厕所门上反能化凶为吉：

病字

病字临门招疫疾，外门神鬼入中庭，
若在中门逢此字，灾须轻可免危声。
更被外门相照对，一年两度送尸灵，
于中若要无凶祸，厕上无疑是好亲。

根据《鲁班经匠家镜》，“曲尺者，有十寸，一寸乃十分。凡遇起造经营，开门高低、长短、度量，皆在此上。须当凑对鲁般尺八寸吉凶相度，则吉多凶少。为佳匠者，但用仿此大吉也”（午荣，2003）[48]。可见曲尺的作用与鲁班尺大体相当。清人李斗（1960）[410-411]的《扬州画舫录》第十七卷“工段营造录”记录了扬州瘦西湖上工段营造法则。其中门制一节载：曲尺长一尺四寸四分。八字尺长八寸。每寸堆曲尺一寸八分。

皆谓门尺，长亦维均。八字财、病、离、义、官、劫、害、本也。曲尺十分为寸，一白、二黑、三碧、四绿、五黄、六白、七赤、八白、九紫、十白也。又古装门路用九天元女尺，其长九寸有奇。匠者绳墨，三白九紫。工作大用日时尺寸，上合天星，是为压白之法。开门自外正大门而入次二重，宜屈曲。步数宜单。每步四尺五寸，自屋檐滴水处起，量至立门处止。尺有曲尺、八字尺二法。单扇棋盘门，大边以门决之吉尺寸定长。这足以证明在清代以鲁班尺和曲尺来定营造吉凶是甚为普遍的。在《鲁班经匠家镜》所记载的"上梁仪式"中，也有"其匠人称丈竿、墨斗、曲尺，系放香桌米桶上，并巡官罗金安顿，照官符、三煞凶神，打退神杀，居住者永远吉昌也"（午荣，2003）[34]的描述。从这个意义上讲，鲁班尺和曲尺的功能确实远远超出了营造匠人建造工具的范畴，几乎可以说是匠师的"礼器"，因此《鲁班经匠家镜》所记载的是作为匠师"礼器"的鲁班尺与曲尺的功能及运用。"礼器"并非"工具"，不是匠师拿来即可上手、勤加练习就能掌握的，还需有文本加以指导，《鲁班经匠家镜》就起到了这样的作用。事实上，《鲁班经匠家镜》对于屋宇的记录几乎都是如此（家具门类只记式样，不涉吉凶），即便介绍建筑式样，重点也不在其构件组成、营造法门，而是更看重建筑中的"吉凶"因素。兹举一例。

《鲁班经匠家镜》第二卷中有"五音造牛栏法"：夫牛者本姓李，元是大力菩萨，切见凡间人力不及，特降天牛来助人力。凡造牛栏者先须用术人拣择吉方，切不可犯倒栏杀、牛黄杀，可用左畔是坑，右畔是田王，牛犊必得长寿也。用寻向阳木一根，作栋柱用，近在人屋之畔，牛性怕寒，使牛温暖。其柱长短尺寸用压白，不可犯在黑上。舍下作栏者，用东方采株木一根，作左边角柱用，高六尺一寸，或是二间四间，不得作单间也。人家各别椽子用，合四只则按春夏秋冬阴阳四气，则大吉也。不可犯五尺五寸，乃为五黄，不祥也。千万不可使损坏的为牛栏开门，用合二尺六寸大，高四尺六寸，乃为六白，按六畜为好也。若八寸系八白，则为八败，不可使之，恐损群队也。文后还有诗与牛栏造作吉日（午荣，2003）[138-146]。文中所述也有一些是源于经验的施工建议，如“牛性怕寒，使牛温暖”，但从全文来看更多的是对吉凶禁忌规制的描述。这似乎更印证了陈耀东所谓《鲁班经》写书的目的是使营造匠人熟悉了解建筑行业的工作范围，以适应社会和业主的需要这一论断。

我们可以得出以下的结论。第一，“营造匠艺”是一个复杂的“知识－技艺”体系，其内涵远远超出了以往职业教育所认为的“技能”范畴。第二，一方面，传统中国建筑“以木为材”的特征决定了“手艺”是一名优秀营造匠师的基础。尽管“材份制”使得建筑预制件的设计和制造更加便利，但诚如前文所述，由于木材是有机天然材料，会随时间的变化而发生形变，因此营造匠人在“材份”之外，还须考虑构件的伸缩幅度，这种伸缩幅度在很大程度上决定了建筑的寿命和可靠性。在没有材料科学作为支撑的近世中国，这完全依凭营造匠人的经验，而这种经验只有在长期营造过程中才能有效积累。另一方面，仅凭“手艺”，营造匠人也不足以“优秀”，掌握制图、典章、算诀、术数这些知识技能都需要相当程度的“文化素养”。李渔（2005）[54]在《闲情偶寄》中点出了“技”与“文”的关系，并认为这种关系在营造匠人身上体现得非常显著：“凡学文者，非为学文，但欲明此理也。……天下技艺无穷，其源头止出一理，明理之人学技，与不明理之人学技，其难易判若天渊。……故学

技必先学文。……予尝谓士木匠工，但有能识字记账者，其所造之房屋器皿，定与拙匠不同，且有事半功倍之益。人初不信，后择数人验之，果如予言。粗技若此，精者可知。甚矣，字之不可不识，理之不可不明也。”李渔虽然没有点出“技”与“文”关系的机理，但从上文所论我们大约可以看出其中的端倪。第三，传统中国建筑的营造过程中并未出现“设计师”群体，作为营造实施者的匠人的自由却是很少的。一是所营造建筑整体规制实际上已为朝廷典章所制；二是受限于“材份制”，建筑的细部构件实际上并无转圜的空间；三是即便是施工，营造匠人也须谨遵由各种“术数”所确定的时间、空间。显然，在营造匠艺体系中虽然“手艺”是基础，但“手艺”却是被牢牢“控制”的。

本章以《鲁班经匠家镜》为经讨论了近世营造匠艺的构成，但这些匠艺又是如何被匠人学习的？陈耀东（2010）[127]在经过了大量调查后指出：民间工匠都是父子或师徒在长期的施工实践中进行技术传授，具体内容有祖传抄本（又称秘本）和口传做法规矩两个部分。实际上这里指出的是营造匠人学习的“文传”与“口传”两种模式，下文将分别从这两种模式入手，阐述近世营造匠人的匠艺习得过程。

第二章 心传与文授：营造匠人的学习生活

一、学生意：营造匠人的学徒生涯

拜师学艺，在近世苏州民间被称作“学生意”（李嘉球，1999）[103]，营造匠人的学习也是“学生意”。中国古代的工艺技术传承，无不是靠这种师徒制的方式来进行的。对于这种师徒相授的教育制度，各代正史职官志中虽也有涉及，但主要是对“官匠”教育制度的简单记录，如《新唐书·百官三》记录了各工种“官匠”的教育时长和考查方式：钿镂之工，教以四年；车路乐器之工，三年；平漫刀矟之工，二年；矢镞竹漆屈柳之工，半焉；冠冕弁帻之工，九月。教作者传家技，四季以令丞试之，岁终以监试之，皆物勒工名。（欧阳修 等，1975）[1269] 但对于具体的教授方式它们却鲜有提及，有关民间匠人教育方式的记载更是阙如。而古代对于营造教育的记录就更少，《宋史·职官志》虽然记录了“土木工匠”以“法式”传授为核心的教育内容，如“庀其工徒而授以法式，寒暑早暮，均其劳逸作止之节”（脱脱 等，1977）[3917]，但对于具体如何传授却并未提及。要完全从文献典籍之中获知传统营造匠人的教育活动看来并不可行。

同时，在当代虽也有众多传统建筑的“传承人”活跃于建筑设计、施工一线，但他们的学习经历与其前辈相较有极大的差异。沈黎（2011）[99-106]曾对香山帮传统建筑营造技艺第一批国家级非物质文化遗产传承人薛福鑫和陆耀祖进行过访谈。薛福鑫，1928年生，擅长“砖细活”，10岁起就先后跟随哥哥薛鸿兴，舅舅朱祥庆、朱富庆，孙春宝、孙新斋以及苏州著名匠人李秀庭学习匠艺，后随雕塑名家颜根大学习泥塑，随山水画家王子振学画，50年代他还上夜校学习设计画图。虽然薛福鑫是依靠“学生意”成长起来的，但其学艺生涯受战乱波及（抗日战争时期薛福鑫不得不改换门庭投入李秀庭门下），其学习经历较前辈已有所不同。如果说薛福鑫还算是旧式匠人系统中培养出的传统营造匠人的话，那么陆耀祖的教育经历与其前辈相较就可谓大相径庭了。陆耀祖，1949年生，出身于营造匠人世家，其父陆文安是苏州著名营造匠人，接受过正规学校教育，大专学历，高级工程师（李洲芳，2014）[117]。陆耀祖16岁跟随父亲学习木工，后进入吴县建筑公司学会了现代钢筋混凝土建筑的设计和施工，把钢筋混凝土仿古技术运用得非常娴熟。当下在苏州从事古建行业的年轻一辈严格意义上说已不能称为营造匠人，他们多从正规建筑院校毕业，以从事设计和管理为主，对于古建筑的很多“规矩”都不懂了，而且也不肯学。要完全通过匠艺传承人厘清传统营造匠人的教育活动看来也不可行。

要呈现和还原传统营造匠人学徒生涯的全貌，还需要从各种文本中爬罗剔抉、沙里淘金。由于长期以来“工匠”群体地位以及本身文化水平的低下，对其经历的记载文献少之又少，任何一行的文献材料都不足以完全还原该行业工匠的整体生活样貌，但比较各行又能发现许多共性。

因此，本节所还原的营造匠人的“学徒期”学习生活，以苏州香山匠人为蓝本，借鉴了近世诸多其他行业与日本营造匠人的“学徒”材料。

与今日学校教育不同，包括近世营造匠人在内的传统工匠群体学徒期内并没有严格的“课程设置”，高度融入生产活动之中的学习活动似乎因此显得杂乱无章。工匠的学徒生活是不是真是这般“无章可循”？在福建营造匠人中流传着一则有关鲁班学艺的故事。大意是鲁班往终南山向木匠仙师学艺，仙师在考察其学艺诚意后同意收他为徒，但应允后并未立即传其技艺，相反先是让其磨锈了500年的工具，继而让其学砍大树，再让其学习刨圆和凿孔。在鲁班花了将近半年的时间凿了圆孔、方孔、斜孔各108个后，木匠仙师又让鲁班花了3年4个月参看、拆装各式建筑的模型。当鲁班完成这些“任务”，向仙师要求进一步学习技艺时，仙师却认为其手艺已成，让其下山（张玉瑜，2010）[5]。这虽是则传说，但在其他营造匠人群体中也广为流传。从这则故事中我们大致可以得出这样的信息：第一，营造匠人的学徒生涯大致可以分为拜师（鲁班投入仙师门下）、磨心（仙师考验其诚意）、识器（仙师让鲁班磨工具）、辨材（鲁班学砍大树）、习艺（鲁班学习刨圆和凿孔，参看各种模型）、满师（鲁班学成下山）六个阶段；第二，在营造匠人作学徒期间，学徒的“学”远比师傅的“教”来得重要。这不仅仅是传说，对照各种材料，我们可以发现近世中国（甚至在日本）营造匠人的学徒生活都有此特征。

（一）拜师

苏松地区自古以来就是鱼米之乡，但香山地区却是例外。根据清代徐鸣时等（2020）[313] 撰写的《香山小志·物产》，“香山一区，背穹隆而

面太湖，田不甚多”，手工业因此成了明清时期当地民众谋生的主要手段，而从事营造业的人数居于首位：香山梓人、圬者居十之五六。又有雕工，专将竹根、竹节、黄杨、紫檀，以及象牙、牛角、桃核、橄榄核刻山水、人物、花卉、鸟兽等玩品，精巧有致，雅俗称赏。织工居十之三，所产花素摹本缎及家用丝绸。藤工不及之一，制藤枕、藤榻、藤椅等器。可以说，“香山匠人”这一群体的出现与传承某种程度上是因生活逼仄：他们都系家境贫困的农家子弟，其中除极少数人勉强上过几年私塾外，绝大多数是文盲，在农业收成不能维持生计的情况下，为了学点看家本事，挣点活络铜钿从而拜师学艺，当上了“农忙务农，农闲务工”的泥水木匠（吴县政协文史资料委员会，1993）[101]。近世家族对于成员成为工匠的态度是积极的，甚至给予资助，如安徽祁门彭氏宗族就规定：“子孙始习业而无力者，由户报明，助钱四千文，备置铺陈。进店后至写关书，由户查明，本店人作保，再助钱十千文，仍将关书送验发还……。习业已成，助钱四千文，以示鼓励。”拜师是营造匠人接受教育的第一步，也是营造匠人从业的伊始。在中国传统社会中，如果没有接受过经过认定的技艺训练与教育是不被准许从事相关职业的。如道光十一年长沙《明瓦店条规》载：“外行入帮，均要学习三载，香钱酒席诸照旧章。如未学习手艺者，均不许入帮。”（彭泽益，1995）[350]乾隆五十二年《长沙衬铺条规》则规定：“店家带徒弟，三年未满，设席出师，倘年限未满，同行不得雇请。”（彭泽益，1995）[406]另外，师傅收徒弟也有限制，如清嘉庆十三年订立的《渝城胰染绸绫布匹头绳红坊众艺师友等公议章程》要求，“每家铺户以三年兑期招学徒一个，出师之时，方才□接速覆招学徒一个。如果重招，罚戏一台，治酒□席，务要将重招之徒开销出铺。倘若同铺内师友循私不报，察出罚银，如会不得紊乱章程”（彭泽益，1995）[536]。这样的规定至少在清代已相当普遍，虽然笔者并未在营造业相关史料中查到如此规定，但推而想之，应是如此。

香山帮学徒入门的年纪一般在十二三岁，“说是这段年龄头脑聪敏，手脚灵活，比较听话，易于管教”（吴县政协文史资料委员会，1993）[101]。在香山营造匠人群体中父子、师徒、舅甥结成师徒关系的不在少数，但通常还是经中间人介绍形成师徒关系。师傅目测同意收为徒弟后，先要试用一段时间，短则三个月，长则半年，然后才能写规书，正式确立师徒关系（李嘉球，1999）[104]。规书是以制约学徒为目的的一种契约（吴县政协文史资料委员会，1993）[102]，其内容大体如下：

> 立规书人某某某（即学徒姓名）经×××保荐，拜某某某为师，为期×年。在此期间，自当勤奋学艺，尊师听命。若有工伤不测等情，生死自由天命，与师无涉。若外逃走失，半途而废，均由中保人负责。恐后无凭，特立此据存照。
>
> 学徒父母　某某某　画押十
>
> 中保人　某某某　画押十
>
> ××年×月×日

学艺立约至少在清代甚为流行，清代王相汇选的《增订世事元龙通考》就刊载了乾隆时期拜师学艺的两份“格式合同”（张传玺，2014）[1800]：

清乾隆时学艺文约式之一

立投师学艺人某人，今因无艺资生，凭亲长说合，投到本师某名下学某行手艺。当日三面而定，学至几十个月为满。艺成，治备酒礼谢师或云每在（月）贴备饭米若干。自学之后，听凭师长教训。如有懒惰误事，听凭本师责治无辞。今欲有凭，立此投师文约存照。

乾隆　　年　　月　　日

立投师文约花押

父兄　押

中亲　押

清乾隆时学艺文约式之二（斯文贵重手艺用此）

立盟书某人，今有子侄某名，央托亲友说合，拜从某老师门下习学某行手业。三面言定，学习三年为满。艺成之后，置酒席，备谢礼仪若干，不致欠缺。入门遵依本师教诲，用心精艺，不得违拗、疏旷、怠惰。如有闲旷，按日补艺无辞。今欲有凭，立此关书存照。

乾隆　　年　　月　　日

立关书某人　押

父兄某人　押

弟子某人　押

亲友某人　押

规书基本确定了师徒双方的基本权利、义务，学习时限及“违约责任”。此外，从上述两则规书可以看出，传统营造匠人学艺需有中间人作保（此中间人即为第一则规书中的“中亲”、第二则规书中的“亲友”及其他规书中的“中保人”），此中间人除介绍师徒双方相识、相认外，更重要的是承担学徒方面的担保责任。一旦师徒关系正式确立，中间人则要对学徒在学艺期间的一切行为负全部责任。如果由于学徒某些行为不当给师傅造成经济或其他方面的各种损失，在学徒无力赔偿的情况下，则由“中保人”代为赔偿（吴县政协文史资料委员会，1993）[101]。

订立规书的当天，要举行拜师仪式，李嘉球（1999）[104-105]详细描写了旧时香山匠人的拜师仪式：办酒席，一般在学徒家中举行，如果学徒家住房条件不允许，也可以在师傅开设的作坊、营造厂或师傅家中举行。拜师仪式：客堂中间置一张长方桌子，桌上放一些花生、柿饼、枣子之类的果盘，桌前点燃一对大红蜡烛，桌子前面端放一把靠背椅（又称太师椅），靠背椅前方地面上铺一块红毡毯。拜师开始，徒弟先在行业祖师鲁班的供位前下跪三叩头，然后向端坐在靠背椅上的师傅下跪三叩头。如果拜师仪式在师傅家中举行，学徒还须提起红毡毯走到师母面前下跪三叩头。拜师仪式结束后，就摆开酒席，俗称“拜师酒”。酒席的数量则根据师傅的社会关系多寡而定，少则一二桌，多则五六桌，费用当然由学徒父母承担。酒席结束时，学徒的父母要送礼品和用红纸包的礼金孝敬师傅，从此就算正式确立了师徒关系。师傅收徒弟礼金并不限于香山匠人群体，张玉瑜（2010）[6]发现在福建大木匠师的拜师过程中也存在着类似的风俗：拜师时有“拜师礼”之礼数，实则等于支付学徒期间食宿交通等生活费。

香山营造匠人做学徒期间，师傅只供吃饭，不发工资。少数心地宽厚或经济条件较好的师傅则按月发给少量“月规钿”，或称“剃头钿”“鞋袜钿”，有的一年给学徒做一套短衫裤子。学徒过年回家则发给较多的零花钱，俗称“过年盘缠”。如果随师外出造房建屋，当工程进入架梁阶段时，则往往能从东家处得到一点赏钱，俗称“利事钿”。学徒没有固定的假期，也不能经常回家，只是在农忙季节经师傅同意方可回家帮几天忙。此外，农历过年又逢建筑淡季，学徒一般能回家住上十天半月（吴县政协文史资料委员会，1993）[102–103]。福建营造匠人学徒情况大体类似（张玉瑜，2010）[6]。

（二）磨心

营造匠人入门之后就开始了与师傅、师兄同吃、同住的学艺生涯，但他们似乎都要有一段“帮佣”经历。根据李嘉球的调查，香山匠人学徒的年限一般为三年，而实际上学徒真正学技的时间还不到一半。因为按照传统习俗，学徒进了师傅门后，首先是帮师傅做家务打杂差，直到师傅又招了新徒弟。根据“先进山门为大”的惯例，学徒才能从杂务中解脱出来（李嘉球，1999）[105]。福建营造匠人群体也有类似的传统，资历最浅的徒弟还需负责整个工作团队的伙食与洗衣等杂务（张玉瑜，2010）[6]。其他行业学徒也同样如此，山西商人的炳记《贸易须知》有详细记载：“学小官，清晨起来，即扫地、掸柜、抹桌、□椅、添砚池水、润笔、擦戥子，拎水与人洗脸，烧香，冲茶，俱系初学之。”（张正明，1995）[336]

学艺伊始要做诸如买菜、做饭、打扫、倒水、扛木等“帮佣”差事确属糟粕，但这些“糟粕”对营造匠人学徒却有其重要意义。一是使学徒学会忍耐。本质上来说营造匠人是为业主服务的一种职业，尤其是在传统社会地位低下，加之工作辛苦，忍耐就成为营造匠人必备的一种品质。二是使学徒更有条理。营造匠人的工作强调条理与步序，日常生活的有序安排对这种条理性的磨炼大有裨益。三是使学徒体验营造现场。营造工作千头万绪，营造匠人手艺全赖实操，讲授难以有效达成目标，非得在现场实境中充分感知才能初步体认匠艺特征。实际上扛木、倒水、打扫这些学徒必须经历的“帮佣”差事让学徒有了近距离观察前辈营造匠人实操、体验匠艺实境的机会。四是使学徒学会协作。营造是一项需要密切协同合作的工作，传统营造工程往往由一个技术出众和能够承接工程项目的老师傅当“把作”，“把作”根据工程大小及进程的需要，择优聘请一定数量的人员，组成一支临时施工队伍。一旦工程结束，队伍随之解散，人员各奔东西。虽然施工队伍是临时组建的，但并不随意，往往有相对稳定的基本骨干、老搭档，技术本领相当，性格合得来，配合默契。在这种协作模式下，合作比较松散，没有成文的规章制度加以约束，更多的是依靠营造匠人对生产习俗的遵守、营造匠人之间的彼此尊重和配合以及在此基础上形成的“心照不宣”，尤其“老搭档”的形成更是需要长时间的磨合。事实上，习俗几乎弥散于生产过程的方方面面，需要营造匠人在生产过程中逐渐领会把握，现场“帮佣”的方式能够帮助学徒迅速地在实践中体会与习得习俗。这类习俗不胜枚举，也只有在施工现场通过实践才能一一体会。这种“帮佣”经历使得学徒在其技艺生疏时能以一种恰当的方式嵌入现场、观摩技艺、体认规矩、磨炼心性。当然并不是所有学徒都能忍受得了这样的“考验”，由于没有“入学考

试”，“帮佣”时间从某种意义上讲也就成了学徒的“试用期”。

（三）识器

前文所引鲁班学艺的故事中，木匠仙师在考验鲁班学艺决心后，所传鲁班的第一项本领是让他打磨锈了500年的工具，这深刻反映出营造匠人与工具之间的紧密关系，也反映出营造匠人对工具的重视。根据香山习俗，学徒在学成“满师”之后，师傅要送给学徒一套基本工具（吴县政协文史资料委员会，1993）[104]。凡此种种可以说明工具在营造匠人心中的地位早已超越了谋生、技艺的层次。

工具的发展是古代建筑发展和演变的最为直接、重要的推动力之一。同时，“建筑技术及社会实践的需要，又反作用于工具，迫使工具进行革新和改进，以提高劳动效率或技术精度，从而带来相应的加工技术的进步”（李浈，2015）[3]。每一个营造匠人（尤其是那些高明的营造匠人）为了自身实践的需要都会对工具进行一定的改进。仅《营造法原》中记录的木作器械就有42种，大致可以分为伐木工具（斧等）、解斫工具（锯等）、平木工具（刨等）、穿剔工具（凿、钻等）、测量及定向工具（尺、墨斗等）、其他工具（锤），其他大木匠作系统的工具虽有些许变化，但也大体如此。

从本质上来说，营造匠人的手艺就是其运用工具的能力，表现为人（营造匠人）、器（工作）、材（材料）、物（产品）四者的统一。其中器无疑是联系人、材、物的纽带，识器、用器进而娴熟于器是一名营造匠人手艺的基础。福建大木匠师学艺初期，习得的是一般木工的基本功，如刨、凿等技术以及对工具的掌握能力（张玉瑜，2010）[6]。磨刃具是掌握工具使用能力的第一步，这种习惯在日本的营造匠人群体中保持至今。在传统营造匠人看来，打磨工具，一是有助于体现营造匠人对自身职业的尊重，“工具就是匠人的脸，匠人的水平体现在工具上，所以大家都会用心地磨”（西冈常一 等，2016）[158-161]；二是有助于营造匠人改掉身上的陋习，营造过程是枯燥的、艰苦的，需要匠人有足够的耐心和意志力，打磨刃具实际上就是在帮助学徒改掉身上的不良“癖性”；三是有助于营造匠人检视自身的技艺，“一磨就知道了，为什么我的刀刃总是往右偏呢？……发现这个毛病以后，我们会用力把往右偏的往回扳”（西冈常一 等，2016）[162]。让学徒磨工具实际上是使学徒“识器”，即了解工具特性的一种有效手段。

（四）辨材

梁思成的《中国建筑史》把中国传统建筑的结构特征总结为下述四点：一是以木料为主要构材，二是历用构架制之结构原则，三是以斗拱为结构之关键，四是外部轮廓之特异（梁思成，2001a）[8]。可见木材在中国建筑中处于核心位置。识材、鉴材、选材是营造匠人的基本功，鲁班学艺故事中学砍大树一段实际上是营造匠人学习识材、鉴材、选材的隐喻。《鲁班经匠家镜》将入山伐木列为画起屋样后造屋的第一步，张玉瑜（2010）[131]的调查也表明“以前大木匠师购料大都亲自上山看料”，但随着经济社会的发展、分工的细密，到了明清时代，诸如江南等发达地区的营造匠人大多选择由当地木行提供的“二手货”。《江苏省明清以来碑刻资料选集》收录的康熙二十二年《苏州府规定采买架木桩木皇木地区办法碑》（江苏省博物馆，1959）[90]就显示了清康熙时期苏州木行业的

繁盛，《营造法式》录有“选木围梁”歌诀（后文将进行介绍），实际上反映的也是营造匠人赴木行挑选木料的经验总结。到了现代，木料的取得大多通过木材场，采买木料的事宜大多由业主自行承担，大木匠师不再掌握原料的质量，只需制作即可。这些变化对木料的质量产生了影响，也间接地影响了木构建筑的质量。（张玉瑜，2010）[128]

木行选木与山林选木有着根本的不同，木行所提供的木材已经砍伐，部分木料甚至已经裂解，营造匠人可以清晰地看到木料的内部纹理，更易挑选，但缺点是无法确知该木料来自树木的哪个部分、生长环境如何，因而会影响营造匠人对木料质量的判断。“昔日要求中脊与灯梁一定要买头段木头（紧靠树头之下半段木料，非上半段）；主受力构件如大通也要头段木头才可”，但在今天，由于“不去看山，买二手货”，“大木匠不再掌握木材的质量”。（张玉瑜，2010）[131] 而山林选木与其说是识木，不如说是识树、识林。为了更加经济、更具效率，营造匠人要从自身的经验出发，根据树木的外观形态、生长环境和时令季节遴选合适的树木，再进行砍伐，这实际上对营造匠人提出了更高的要求。

（五）习艺

师傅领进门，修行靠个人。传统营造匠人学徒习艺与今日学校教育迥异，“主要靠自己！你没问，师傅不会主动说的；徒弟要靠自己去问才能获得答案”（张玉瑜，2010）[6]。在习艺的过程中师傅并非每个步骤都会事先解说，当师傅分配任务时，学徒总是要先应允下来，在制作过程中遇到困难时再去请教、去体验、去实践，才能体悟其中的要诀。许多时候，匠人师傅的“教学”只告诉结果，但并不会告诉方法，如师傅会给学徒一片刨花，让学徒自己去试该如何做（西冈常一 等，2016）[84]，这种“教学方法”看似不得要领，但大有深意。“正因为只告诉了这个，就需要靠自己去琢磨和训练，如果手把手地教给你这样做、那样做的话，当那只手离开了以后怎么办呢，每个人感受的东西是不同的。……在学校里，老师会告诉你‘这样刨就能刨好’，然后这个被告知的方法会一直在你的脑子里挥之不去。你也会尽可能地向这个方法靠拢，因为它挥之不去，其实这已经是禁锢了你的大脑，你反倒弄不明白了。”（西冈常一 等，2016）[85-86] 营造匠人更看重的是靠自己去琢磨后，用手和身体去“记住”手艺。在熟练掌握工具之后，才能学习较复杂的工作，如构件的制作及上架安装等统合性质的技术（张玉瑜，2010）[6]。

技艺的习得仅仅是营造匠人的起步。香山营造匠人学徒学艺三年，对一般学徒来说，师傅只能是领入门而已，要使技艺真正有所长进，还得待出师后通过独立操作，在不断的实践中钻研、总结、提高，关键是靠自己（李嘉球，1999）[106]。福建大木匠师学徒学艺三年四个月，“在拜师的三年四个月期间内，传授的是一般大木作工匠的技术，而这只是一位大木匠师技艺中的基础技术而已”（张玉瑜，2010）[6]。事实上，无论是用三年还是用三年四个月，能够将工具运用娴熟、掌握一些营造基础知识已是难能可贵，至于像画样这样的高阶技术，一般的学徒则是学不到的。薛福鑫在接受沈黎访谈时谈到，苏州许多工地会搭有“台房”，“把作”会在其中将图样画在木板上，其他人未经允许，不得入内，图样用完即刨，目的就是防止偷师（沈黎，2011）[83]。可以看出，建筑结构的样式（包括房屋贴式、构件样式等）只掌握在少数营造匠人手中。旧时民间有“教会徒弟，饿煞师傅”的俗语，实际上许多师傅在教徒弟时往

往有所保留。有的师傅为了不让徒弟学会自己的绝招，竟在髹里捏堆灰塑像；有的做到要紧关子上，则将身旁的徒弟有意差开去做其他的事情；有的则干脆关门制作。（李嘉球，1999）[106] 张玉瑜（2010）[6] 的调查发现，一些营造匠人虽然在学徒期间就有替师傅绘制"样板图"的经历，但更多的图样知识则是在业余时间通过参观、记录其他建筑获得的。实际上，每一栋建筑需要匠人因时、因地、因材而活建，每一根木料需要匠人活用。于匠人而言并不存在一种放之四海而皆准的通用原则，因此师傅的口传相反可能成为桎梏学徒的枷锁。只有进入经典建筑现场，营造匠人才能真正感知、理解、体认匠艺的精髓（张玉瑜，2010）[7]。向经典古建筑学习，也为福建大木匠师广泛认可。对于有心要钻研古建筑营造技艺的营造匠人而言，已存在的古建筑就是他们最好的老师。每一位出色的大木匠师都提到在实践与创造过程中，考察和体验前人作品对其经验的拓展具有重大的意义。

（六）满师

香山营造匠人学徒入门三年、福建营造匠人学徒入门三年四个月后即学徒期满，称"满师"。在香山，满师要办谢师酒，师傅邀请同行前辈一同赴宴，席上师傅会向大家打招呼，请各位今后多包涵扶持。倘若师傅经济拮据或有困难，也可以借此机会要求徒弟"帮师"半年到一年。为答谢师傅栽培之恩，徒弟一般是不能拒绝的，如果拒绝将被行内行外瞧不起（李嘉球，1999）[107]。福建匠师"满师"后一般还会继续跟在师傅身边再做几场，不同的是此时营造匠人可领取正式薪俸，亦可凭能力独自接受业主的委托。虽是"满师"但师徒之谊仍存，福建大木匠师"出师"后的规矩是：

徒弟不应跟师傅抢工作；当师傅缺人手相帮时，徒弟要回师傅身边帮忙。

二、匠家教科书：从《营造法式》到《营造法原》

从《宋史·职官志》“庀其工徒而授以法式，寒暑早暮，均其劳逸作止之节”（脱脱 等，1977）[3917]可知，至少在宋代的营造官匠群体中以“法式”授徒已成为一种标准。法式实际上就是标准，但这里的标准并非泛泛之谈，而是一种“成文的标准”。官匠如此，那么民间营造匠人又是如何？根据清末苏州大匠姚承祖之曾孙姚午生回忆，其祖父幼时就曾受家传营造秘籍（《梓业遗书》）的启蒙。中国营造学社也曾在民间收集许多营造匠人的秘传抄本编成《营造算例》（梁思成，2006）[5]，可见民间营造匠人也是有“教科书”的。本节将着重考察《营造法式》与《营造法原》的特点。

（一）《营造法式》

李诫所著《营造法式》并非宋代的第一部建筑类“法式”著作。北宋中晚期，建筑业腐败丛生，贪污盗窃成风。熙宁二年宋神宗下令修建感慈塔，主管部门开始估计用工达三十四万，后经朝廷派人重估，实际用工不到原来的五分之一。宋神宗令将作监编制一套营造法式，作为各项工程的规范。宋哲宗元祐六年，《元祐法式》完成，但是这部书很不完善，“只是料状，别无变造用材制度；其间工料太宽，关防无术”（梁思成，2001b）[5]。因此，宋哲宗绍圣四年末，朝廷令将作监重新编制。这次

由李诫负责重修，经过三年努力，完成了这部巨著，于宋徽宗崇宁二年正式刊行，这就是我们今天看到的《营造法式》（李诫 等，2011）[前言1]。《营造法式》并非李诫所“著”，实为其所“编”，诚如其在“总诸作看详”中所说：“其三百八篇，三千二百七十二条，系自来工作相传，并是经久可以行用之法，与诸作谙会经历造作工匠详悉讲究规矩，比较诸作利害，随物之大小，有增减之法。”（梁思成，2001b）[15] 可见李诫所著内容实为当时已经成熟的做法，且来源是“诸作谙会经历造作工匠”，将李诫所著称为宋代营造匠艺集大成者应当是恰如其分的。

《营造法式》共分三十四卷。首先是释名（第一卷、第二卷），引经据典地诠释各种建筑物和构件的名称，并说明一些几何形的计算方法，以及当时一些定额的计算方法。其次为诸作制度（第三卷至第十五卷），详细介绍各种构件的制作方法。再次为诸作功限（第十六卷至第二十五卷），介绍了诸作制度中各种构件、各种工作的劳动定额。复次为诸作料例（第二十六卷至第二十八卷），规定了各作按构件的等第、大小所需要的材料。最后是诸作图样（第二十九卷至第三十四卷），该部分实际上更倾向于介绍大、小木作的各种构件式样和彩画图案，但旋作、锯作、竹作、瓦作、泥作、砖作、窑作就都没有图样。据此，我们在研究营造匠人的学习生活时需要注意两点。

第一，《营造法式》的文本尽管流传并不广泛，但其所规定的诸作制度却影响深远。据梁思成的研究，在宋代营造法式仅有北宋“崇宁本”与南宋“绍兴本”两个版本，其中“崇宁本”的镂版在北宋末年被金人付之一炬。明清两代《营造法式》虽有一些抄本，但都未见流传。如今我们所见的《营造法式》实际上是在朱启钤于1919年在南京江南图书馆所“发现”的丁氏抄本的基础上校勘而成的（梁思成，2001b）[《营造法式》注释序 9]。既是“发现”，实际上可以证明在清末民初《营造法式》在民间应当是不见流传的。但流传不广并不意味着影响不大。如前所述，《营造法式》实际上是对宋以前营造匠人成熟技艺的总结，在经过《营造法式》编撰活动的推动和“整编”之后，其影响面一定更大。戚德耀曾将《营造法式》《工程做法则例》与《营造法原》三者的“名称术语”进行了对比，发现尽管在表述上有些微差异，但三者的名称术语高度相似，几可一一对应。仅从“大木作·斗拱”部来看，《营造法式》与清《工程做法则例》名称术语的意义重合度就高达 63%，而《营造法式》与《营造法原》名称术语的意义重合度则有 67%（吴县政协文史资料委员会，1993）[107–202]。从这两个数字足可见《营造法式》对其后营造的影响。

第二，从结果上看，李诫编撰《营造法式》是中国士阶层一次全面而系统地将匠艺与传统中国“知识体系”联系起来的举动。按梁思成（2001b）[《营造法式》注释序 6] 的说法，《营造法式》“纲举目张，条理井然，它的科学性是古籍中罕见的”。从全书来看，《营造法式》的总纲是其“总释”部分，粗看起来，其写作目的是解释书中各种“术语”，但细细品读可以发现其目标不仅如此，以释“殿”为例：

> 殿（堂附）
>
> 《仓颉篇》：殿，大堂也。
>
> 《周官·考工记》：夏后氏世室，堂修二七，广四修一；殷人重屋，堂修七寻，堂崇三尺；周人明堂，东西九筵，南北七筵，堂崇

一筵。

《礼记》：天子之堂九尺，诸侯七尺，大夫五尺，士三尺。

《墨子》：尧舜堂高三尺。

《说文》：堂，殿也。

《释名》：堂，犹堂堂，高显貌也；殿，殿鄂也。

《尚书·大传》：天子之堂高九雉，公侯七雉，子男五雉。

《博雅》：堂堭，殿也。

《义训》：汉曰殿，周曰寝。（梁思成，2001b）[30]

显然，李诫的意图绝不仅仅是对词释义，他所要做的是在各种古代典籍中寻找、确定营造的标准和依据。实际上各种文明中的建筑书籍都有寻找标准与依据的做法，如果说古罗马时期维特鲁威的《建筑十书》，文艺复兴时期阿尔伯蒂的《建筑十书》、帕拉第奥的《建筑四书》等著作都将“人”（当然，三书对人的理解各不相同）视为建筑的第一原则，那么《营造法式》就是将“礼”视为营造的第一原则。在典籍中寻找营造之“礼”，以营造实现儒家之“礼”，就是《营造法式》的一大目标。笔者以为，在此有必要阐述一下营造知识在中国古代知识体系中的位置。徐苏斌（2010）[12-19] 曾依据中国传统“目录学”对此进行了考察。他的研究显示，按照刘向《七略》所确定的目录“七分法”，从《汉书·艺文志》来看，营造典籍分属“六艺”中的“礼”部分和“数术”中的“五行”“杂占”部分；而按照《四库全书》所确定的目录“四部分类法”，营造典籍分属“经部”礼类（如《周礼·考工记》），“史部”政书类（如《营造法式》）、正史类、地理类（如《洛阳伽蓝记》），“子部”术数类

（如《宅经》）。可见在中国古人的知识体系中，营造知识与礼有着莫大的关系。换言之，在中国古代营造知识的首要任务是“明纲纪、定人伦”。可以肯定的是在《营造法式》之前，各种典籍（尤其是先秦典籍）就一直是历朝营造的合法性来源，但《营造法式》无疑是一次全面系统地将建筑的全部（包括整体与构件）与以古代经典为代表的传统中国知识体系（实际上主要是以儒家经典与思想为代表的知识体系）勾连起来的尝试。经过这种尝试，制度、工限、料例、图样等“匠艺”范畴的诸种元素被以儒家经典与思想为代表的传统中国士阶层的知识体系严丝合缝地统摄起来，形式、手艺也因此被系统地赋予了意义。

此外，尤其要注意的是，尽管营造匠人群体对“记”情有独钟，甚至认为“一切靠脑子去记忆”才是匠艺正道（张玉瑜，2010）[27]，但面对《营造法式》这部卷帙浩繁的建筑典籍中所记录的匠艺，单纯依靠记忆是很难掌握的，因此我们有理由相信把作（尤其是承建建筑群组的把作）一级的匠人，其文化水平应当是不低的。

（二）《营造法原》

在前文所提的中国古代的九部专门类建筑著作中，只有《营造法原》是由营造匠人亲自撰写的，且其又是迄今发现的最早的有关中国营造法的近代教材（徐苏斌，2010）[122]。因此，其对我们研究近世营造匠人学习生活的意义尤显重要。事实上今天通行的《营造法原》并非匠人所著的原本，而是用现代西方建筑学的方法和视角“增编”过的版本，且增编篇幅远超其原有篇幅。将增编版本与原版本进行对比恰恰能发现作为“匠家教科书”的《营造法原》的特点。由于《营造法原》成书经历坎坷，因此

本节将一方面阐述其成书过程，另一方面将对比前后两个版本的《营造法原》。

实际上《营造法原》原初是中国第一所建筑院校、为中国的高等建筑教育拉开了序幕（钱锋 等，2008）[31]的苏州工业专门学校建筑科中国营造法课程的教材。1924年春，时任苏州鲁班协会会长的匠人姚承祖①受聘于苏州工业专门学校建筑科教授中国营造法②。中国营造法课程的开设不啻是苏州工业专门学校建筑科的首创：一是命名首创，无论是癸卯学制还是壬子癸丑学制所载之建筑科课程均无“中国营造法”一名（徐苏斌，2010）[121]；二是实务首创，尽管清末建筑科已被列入学制，民国初年政府所定建筑科课表也有中国建筑构造法，但由于种种限制，建筑教育始终未在中国教育体系中施行，苏州工业专门学校建筑科开设中国营造法实是将壬子癸丑学制建筑科课表中的中国建筑构造法课程安排付诸实践之举动。自苏州工业专门学校建筑科创办伊始，教材就始终是个问题，主要的图书资料大都是由几位先生从日本带回来的（杨苗苗，2009），姚承祖所教授的中国营造法更是无章可循。执教苏州工业专门学校，姚承祖可谓倾囊相授。为了解决教材问题，姚氏拿出了家传“秘籍”——他根据祖父姚灿庭所著五卷《梓业遗书》手稿，参以其他施工

---

① 姚承祖，字汉亭，号补云，又号养性居士，江苏吴县胥口镇墅里村人，生于1866年，卒于1938年。姚氏出身营造世家，祖父姚灿庭、叔父姚开盛俱是吴中大匠（沈黎，2011）[81]。他11岁时就跟随叔父姚开盛学习木作；48岁时成立苏州鲁班协会，并当选为会长（杨永生，2005）[218]；54岁时已是苏州梓义公所第一顺位的理事（江苏省博物馆，1959）[85]，可说是当时苏州营造界首屈一指的人物。

② 陈从周1979年整理了《姚承祖营造法原图》一书，其中有疑似影印姚承祖原序，首句即是“甲子春苏州工专学校于建筑科中教授本国营造法”，可知姚承祖赴苏州工业专门学校建筑科任教应在1924年春。

图册，并结合自己的深厚积淀与丰富实践，为苏州工业专门学校建筑科中国营造法一课编写了专门的讲义，这份讲义就是后来《营造法原》之初稿。刘敦桢一见此书，如获至宝。他看到了其中蕴含的双重价值：一是教学价值，“书中所述大木、小木、土、石、水诸作，虽文词质直，并杂以歌诀，然皆当地匠工习用之做法，较《鲁班经》远为详密”（刘敦桢，2007b）[68]；二是建筑史学价值，“不仅由此可窥明以来江南民间建筑之演变，即清官式建筑名词因音同字近，辗转讹夺，不悉其源流者，往往于此书中得其踪迹”（刘敦桢，2007b）[68]。刘敦桢随即建议姚氏出版此书，但姚承祖闻之却是诚惶诚恐，匠人出身的他或许是觉得书中所记不过是自己平日所为，因此对于刘敦桢出版该书的建议最后仍是“逊谢未遑”（刘敦桢，2007b）[68]。

1927 年南京国民政府成立后，推行大学区制；虽经校长邓邦逖多方奔走，苏州工业专门学校仍与江苏省内其余高校一同被整体并入国立第四中山大学①。而苏州工业专门学校建筑科也因此成为中国第一个大学建筑系——国立第四中山大学工学院建筑科的基础（钱锋 等，2008）[33]，姚承祖也因此告别了高校讲台②（潘谷西 等，1999）[90]。1929 年，已年近古稀、精力日敝（刘敦桢，2007b）[68] 的姚承祖致信当时身在南京、任教国立中央大学建筑系的刘敦桢③（钱锋 等，2008）[43]，谓“旧作芜杂，无所增益”，盼刘敦桢“希为厘定，俾免散佚”。彼时，国立中央大学建筑系

① 邓邦逖的奔走也并非一无所用，1928 年 9 月，国立中央大学工学院在苏州工业专门学校原址附设职业学校，委邓邦逖兼任校长。

② 当时赴南京的苏州工业专门学校建筑科教师只有刘敦桢一人，另外还有助教濮齐才（苏州工业专门学校建筑科毕业生）等，可见姚承祖并未赴南京任教。

③ 国立第四中山大学于 1928 年 2 月改名为江苏大学，同年 5 月再次改名为国立中央大学。

刚刚建立，刘敦桢先后教授了建筑设计、中国建筑史、中国营造法、西方建筑史、建筑营造法、阴影透视、建筑测量和钢筋混凝土结构等课程，加上在建筑师事务所的设计工程（刘叙杰，2009）[10]，其繁忙程度可以想见，恰如他自己所说“浮沉人海，荏苒数载”，因此厘定《营造法原》的工作被暂时搁置了下来①②（刘敦桢，2007b）[68]。1930 年 2 月，中国营造学社成立。后社长朱启钤邀请刘敦桢北上负责学社文献工作，刘敦桢毅然辞去国立中央大学教职，欣然前往，与他一同赴北平的就有《营造法原》文稿。

1919 年，朱启钤在江南图书馆发现了宋本《营造法式》，自此，疏证、解读、研究这部“若存若佚，将及千年。迄无人为之表彰”（朱启钤，2009）[13] 的著作就成为朱启钤乃至中国营造学社的一项基础工作③（朱启钤，2009）[6-7]。得书之后，朱启钤“一面集资刊布，一面悉心校读”，但由于书中“生僻之名词、讹夺之句读”，“几经寒暑，至今（1930 年——作者注）所未能疏证者，犹有十之一二”（朱启钤，2009）[13]。面对朱启钤这位“我国二十世纪最早的一位中国古建筑专家”，刘敦桢自然想到了手中的《营造法原》，于是拜托朱启钤相为整理，并将这个喜讯告知了远在苏州的姚承祖。姚承祖大喜过望，但“虑原稿简略，复以家藏大、小木图册，及《补云小筑》绘卷见贻”（刘敦桢，2007b）[68]。虽然

① 据刘敦桢《〈营造法原〉跋》：1928 年春，余移教于南京中央大学。翌年，先生抵书于余，谓年近古稀，精力日敝；而旧作芜杂，无所增益，希为厘定，俾免散佚。顾余浮沉人海，荏苒数载，无以报命。

② 据刘敦桢《〈营造法原〉跋》：1933 年余入中国营造学社，遂挟其书北上。

③ 据朱启钤《中国营造学社缘起》：“今宜将李书读法用法。先事研究。务使学者。融会贯通。再博采图籍。编成工科实用之书。”“李书于制度功限料例。固已示营造之津梁。”可知《营造法式》在中国营造学社各项工作中的重要地位。

“书中所辑住宅、祠庙、佛塔、泊岸，及量木计围诸法，未见官书”（朱启钤，2009）[67]，但朱启钤一见书稿仍是爱不释手，“穷数月之力，躬自整比”后，做出了极高的评价：“《营造法原》一书虽限于苏州一隅，所载做法则，上承北宋，下逮明清，今北平匠工习用之名辞，辗转讹伪，不得其解者，每于此书中得其正鹄，然则穷究明清二代建筑嬗蜕之故，仰助此书者正多，非仅传苏杭民间建筑而已”（朱启钤，2009）[70]，但由于“南北术语差违殊甚，书中图式复无缩尺，形象比例无法悬拟，卒废然中辍”（刘敦桢，2007b）[68]。术语、缩尺、比例，这些在实操匠人眼里“不言自明”的东西，却难倒了朱启钤、刘敦桢这些中国建筑史研究的大家。

1935 年，刘敦桢回苏州小游，特意去探望了病中的姚承祖，姚承祖“以此书犹未问世为念，为之惄然不安”（刘敦桢，2007b）[68]。为了不负老友的嘱托，刘敦桢找来了 1926 年入学苏州工业专门学校建筑科、后转入国立中央大学建筑系求学、当时已留校任教的苏州人张镛森（至刚），希望他能帮助整理《营造法原》。姚承祖是张镛森的老师，又是他的同乡，受托师命加之考虑到此书是记述江南建筑的唯一著作，不能任其湮没，张镛森欣然接受了这项使命。之后，张镛森“乃遍访当地寺庙、住宅、园林，测绘实物，摄制像片，以期与原文互释，并进而补其遗漏。然遇有疑难，辄就教于先生病榻前，其勤慎可谓至矣”（刘敦桢，2007b）[68]。1937 年夏，《营造法原》初稿完成，“全文计二十四章，约十二余万言，图版五十二幅，插图七十一张”（姚承祖，1987）[1]，较之原著“不啻倍蓰”（刘敦桢，2007b）[68]，张镛森请当时正在南京的刘敦桢核校书稿，刘敦桢遂携书稿北上。7 月卢沟桥事变爆发，中国营造学社内迁，书稿的校核出版事宜又被搁置下来。此后，为避战祸，《营造法原》书稿几易其手，刘、张二人几番辗转（刘敦桢，2007b）[68]（姚承祖，1987）[1]。1943 年，书稿、增编者、校阅者终于聚首四川，刘敦桢终于为书稿写下了跋，但原著者姚承祖已在四年前病逝于苏州。跋已写就，但校订《营造法原》的工作并未作罢，经过再次整理，张镛森将全书精简为十六章，约十三万五千字，插图增为一百二十八幅，图版则并为五十一幅（姚承祖，1987）[1]。1959 年，由姚承祖原著、张镛森增编、刘敦桢校阅的《营造法原》终于出版，此时距刘敦桢初次接触手稿已有 33 年。

破解《营造法式》用去梁思成 41 年，增编《营造法原》花去张镛森 24 载，两部著作的解读历程颇有异曲同工之处。一是文本解读。对《营造法式》的解读，梁思成仰赖的是历代典章制度。对《营造法原》的解读，张镛森幸有姚承祖在侧。二是实物比对。为了探求《营造法式》的名词术语、设计原则，梁思成与中国营造学社的同人们先后调查、比对了一大批与《营造法式》基本同时的宋、辽、金时期的建筑遗存。而张镛森则是调查了“文庙大成殿；玄妙观三清殿；虎丘云岩寺二山门；木渎灵岩寺；全晋、安徽、奉直等会馆；任、张、程、沈诸氏住宅；以及留园、怡园、沧浪亭、严家花园（毁于抗战沦陷时期）、网思园，拙政园、狮子林、耕荫义庄（汪园）等处庭园建筑；和城隍庙、火神殿、关帝庙等牌楼”（姚承祖，1987）[1]。三是现代“翻译”。梁思成（2001b）[《营造法式》注释序 11] 明确指出：“我打算做的是一项‘翻译’工作——把难懂的古文翻译成语体文，把难懂的词句、术语、名词加以注解，把古代不准确、不易看清楚的图样‘翻译’成现代通用的‘工程画’。”对于《营造法原》，姚承祖也“以其所绘草图数量甚少，又无尺寸比例，读者难以看懂”，赞同刘敦桢与张镛森的主张，用现代工程图法重绘，使读者易于理解，且利于书的传播。《营造法式》自其写就至民国时期已近千年，书中所用名词、所载做法在当时已难索迹，梁思成与他的同事为“破解天书”耗费整整41年尚可理解，但《营造法原》成稿之时，姚承祖所经营姚开泰建筑处尚在，书稿中所载各项工程做法也未束之高阁，尤其是姚承祖本人其时也正当年，想来厘定之事应该不算难，但为何却难倒了朱启钤、刘敦桢两位在中国建筑史学界赫赫有名的学者？除去中间的颠沛流离，为何书稿的增编竟也花了后来成为中国建筑史研究专家的张镛森数十年的时光？要解答这些问题，还需要回到《营造法原》原稿本身。

就目前流传的各种版本的《营造法原》（包括各种注释本、诠释本、图解本）来看，其源头是两个：一是由姚承祖原著、张镛森增编、刘敦桢校阅，1959年初版的《营造法原》；二是由陈从周整理，1979年由同济大学建筑系刊行的《姚承祖营造法原图》。张镛森增编的《营造法原》共十六章。第一章“地面总论”介绍了地面的做法；第二章“平房楼房大木总例”介绍了平房和楼房的木构做法；第三章“提栈总论”介绍了提栈的具体做法；第四章“牌科”介绍了牌科的做法；第五章“厅堂总论”阐述了厅堂的种类、名称和构造；第六章“厅堂升楼木架配料之例”介绍了厅堂楼房配料方法；第七章“殿庭总论”介绍了殿庭的进深开间、结构、分类、尺寸、用料等；第八章“装折”介绍了门窗做法；第九章“石作”介绍了石料的种类、性质与应用；第十章“墙垣”介绍了墙垣的名称、砌法及用砖、墙垣上光及刷色、面积量法；第十一章“屋面瓦作及筑脊”介绍了屋面铺瓦和筑脊的方法；第十二章“砖瓦灰砂纸筋应用之例”介绍了砖瓦、灰砂及纸筋的应用；第十三章“做细清水砖作”介

绍了细清水砖的用法；第十四章“工限”介绍了用工用料计算方法；第十五章“园林建筑总论”介绍了园林建筑的种类；第十六章“杂俎”介绍了塔、城墙、灶的修建制度，以及香山营造匠人所使用的工具。附录中的“量木制度”原为一章，但自新中国成立后改变了材料计量方法，故将此章编入附录。

实际上，张镛森增编的《营造法原》和原稿相比有了较大的出入。“原书体制，类匠家记录”（姚承祖，1987）[2]。今天所通行的《营造法原》因为原稿“不合现代需要”而进行了增编，其“本来面目”由此被埋没了。根据张镛森所述：“原书约三万二千余言，附图式八十余种，可是书中所用术语仅限于苏州一地，未予注释，苦涩难解，且书中有若干歌诀，更不是初学通读的，所有图式悉循旧法，没有比例可循，不过表示式样形状而已。”（姚承祖，1987）[1]而1959年出版的《营造法原》达十三万五千余言，规模是原稿的四倍。相较之下，陈从周整理的《姚承祖营造法原图》由于是姚承祖在教授中国营造法时为教导学生绘制的，所以更接近于当年讲义原貌（徐苏斌，2010）[123]。对比两书，尤其是对照那些后来张镛森增编的部分就可发现《营造法原》原稿作为“匠家记录”的特质，也可推敲出《营造法原》难以厘定的奥秘。

根据张镛森在《营造法原·自序》中的叙述，他对《营造法原》原稿主要进行了七方面的增编：一是改编原文，主要是根据现代需要对原稿的各章节进行重新编排，然后“依其术语及文意，演绎申论，使定义与举例明晰，易于了解”。二是补充遗漏，即对原稿中有图无文、有文无图处拾遗补阙，“务使图文相辅，无所偏废”。三是订正讹误，即对原文中“以讹传讹”的苏州匠工所用术语加以改正。四是加编辞解，即对原文释名一章重加增订，改为辞解，“使与清官式术语对照”。五是加添表格。六是重绘图版。“原书图式，经测量实物后，加以增减，依实测尺寸，按比例绘成图版五十一幅。”七是加照片和插图。（姚承祖，1987）[2] 不难看出，张镛森对文稿改动最大的地方，一是实测尺寸、重绘图版，二是增编图文、补充遗漏。

图 2–1 和图 2–2 分别为《姚承祖营造法原图》以及张镛森增编的《营造法原》中所载的住宅平面布置图。这两幅图在各自的文本中都起着“提纲挈领”的作用，但对比之后可以发现：第一，姚图是“拟草”的（图2–1 左下方有“汉庭拟草”四字），而张图是根据苏州留园东宅的实际样貌测绘而出的。第二，姚图虽标有尺寸，但不够精确，且无比例尺；张图则是严格依照现代建筑测绘方式，对留园东宅进行了精细描绘，并标上了明确的标尺和比例。第三，姚图虽标注了建筑内部各空间的基本用途，但标注得比较简略，仅用双线和单线分出房舍和间架（双线是房屋实体边界，单线则是为了分间）；张图的标注则更为详细，除了房舍和间架，还标出了柱础、楼梯、门廊等。张图是标准的现代工程图，现代工程图是按照投影的原则或者轴测的、一点透视的原则绘制的，在一幅图中一般只采用一种方式；但姚图却不受此影响。图 2–3 是《姚承祖营造法原图》中的另一幅住宅平面布置图，在平面图的右侧出现了厅楼的“帖样”（又作“贴式”，指的是建筑物之架构、梁、柱等之构造式样，类似于现代的建筑横剖面图），且这种“混搭”在姚图中出现不止一处。

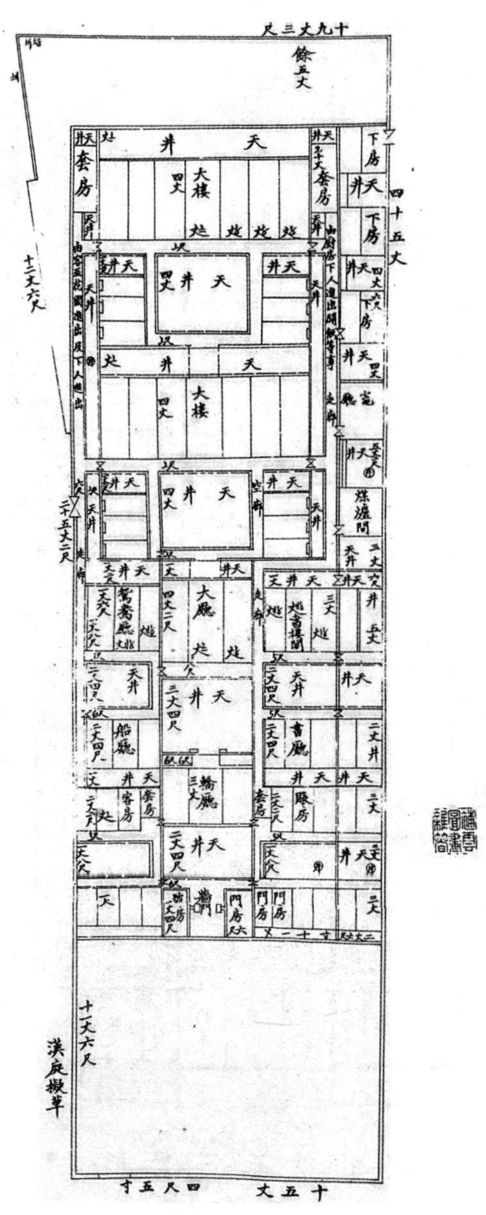

图 2-1　住宅平面布置图（姚承祖，1979）

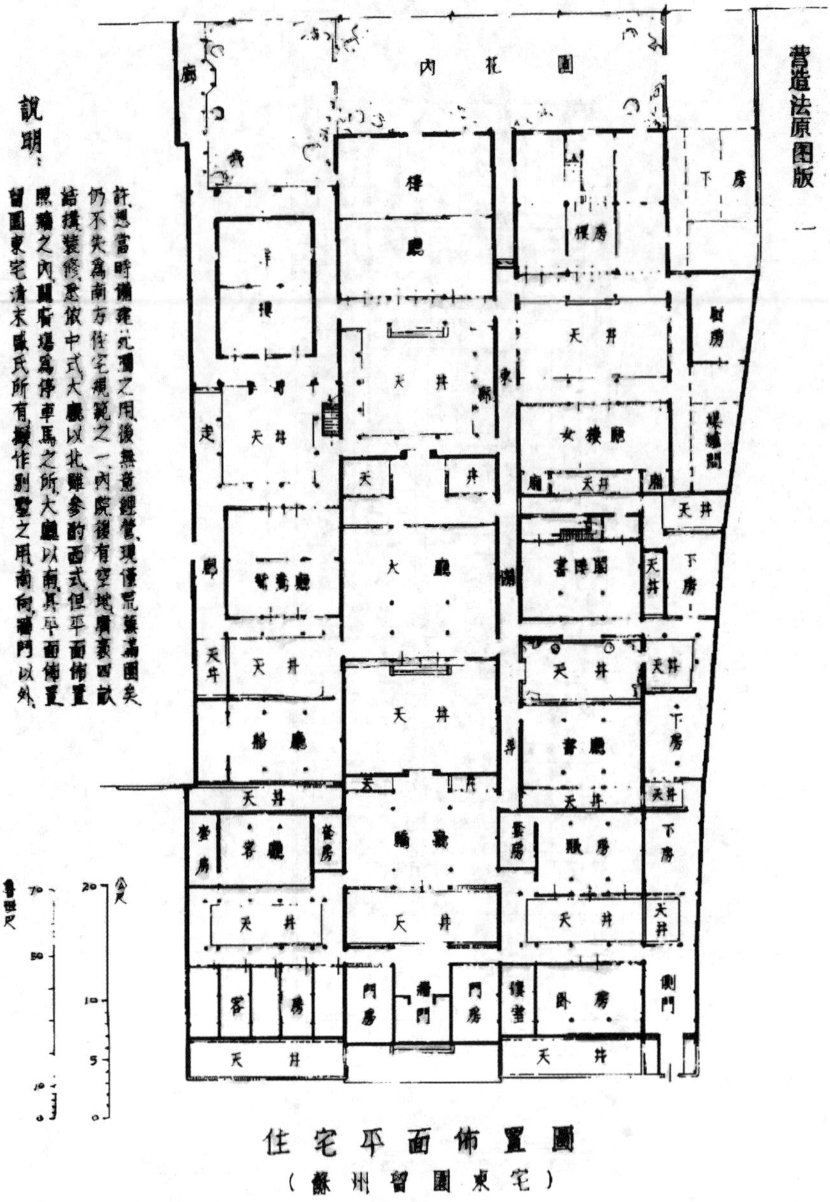

营造法原图版一

說明：

留園東宅清末盛氏所有，擬作別墅之用，南向，牆門以外，照牆之內，闢廣場為停車馬之所，大廳以南，其平面佈置結構裝修，悉依中式，大廳以北，雖參酌西式，但平面佈置仍不失為南方住宅規範之一，內院後有空地廣袤四畝許，想當時備建花園之用，後無意經營，現僅荒蕪滿園矣。

住宅平面佈置圖

（蘇州留園東宅）

图 2-2　住宅平面布置图（姚承祖，1987）

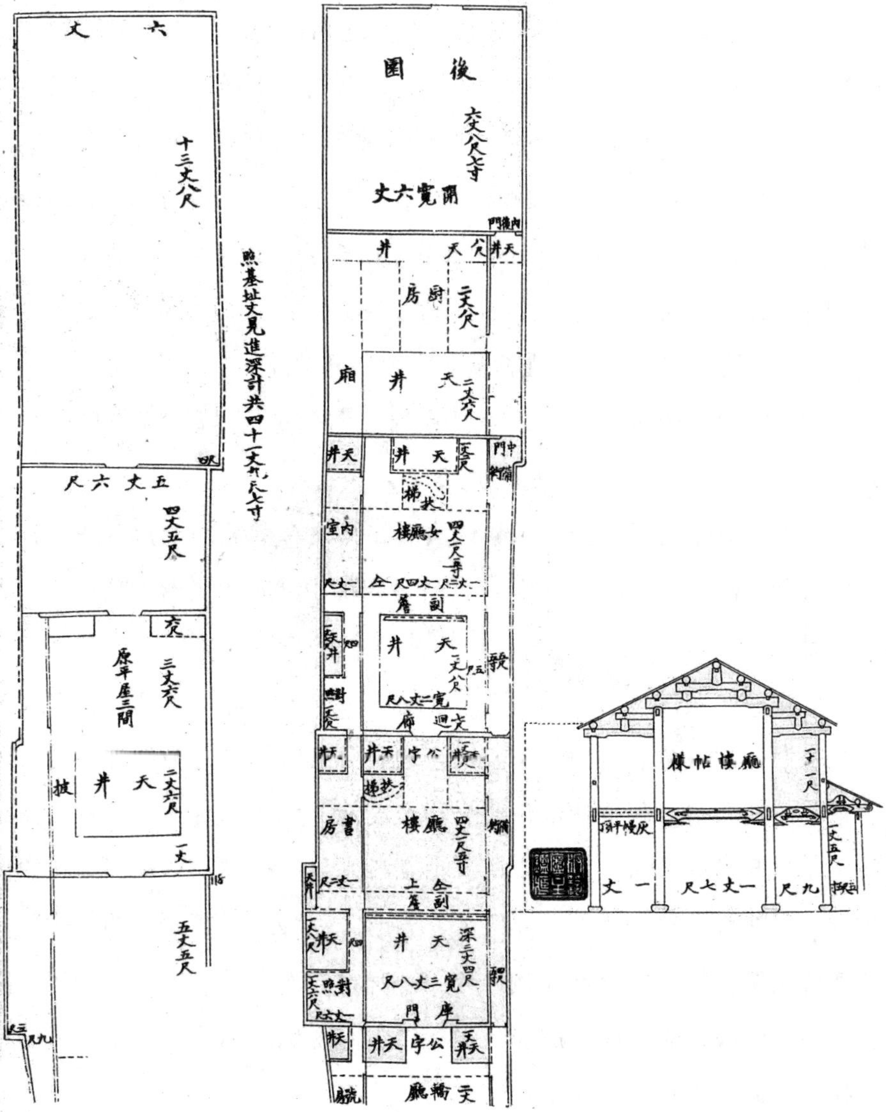

图 2-3　住宅平面布置图（姚承祖，1979）

图 2-4 和图 2-5 分别为《姚承祖营造法原图》和张镛森增编的《营造法原》中的琵琶牌科图。牌科即北方所谓的“斗拱”，这种牌科“中心线以内，于第一级里十字栱之上，以昂之后尾延长作斜撑”（姚承祖，1987）[20]，因斜撑似琵琶颈部，故称为琵琶牌科。对照两图可以发现，除了上述的区别外，还有一些不同：张图是典型的三视图，重在呈现牌科的形制以及各部分尺寸；姚图是侧面图，但从其文字解释部分来看，更重视对琵琶牌科搭建技巧的阐释，图的部分反而成了对文字的直观注释。

《姚承祖营造法原图》应当是《营造法原》文稿的一部分，其中文少图多，仅有的文字阐释集中在营造之中牌科分类说一节，如图 2-6 所示。

文后即为两幅牌科做法示意：一幅是图 2-4 所示琵琶牌科的做法，另一幅是图 2-7 所示桁间牌科的做法。

显然其中散佚了不少牌科的做法（如张镛森增编的《营造法原》中所列的十字科、丁字科、网形科等），但仍能由此看出《营造法原》文稿的体例。

张镛森增编的《营造法原》第四章即为“牌科”。经过增编的“牌科”一章更加系统、全面、翔实。全章共分五节，分别为：牌科各部之解释，详细介绍了牌科各部件之名称及功能；牌科之种类及名称，介绍了一斗三升、一斗六升、丁字科、十字科、琵琶科、网形科等牌科的形制特点；牌科之权衡比例，介绍了“五七式”“四六式”“双四六式”三种牌科比例；牌科之分件比例，介绍了牌科各部分件的做法；杂例，以玄妙观三清殿、府文庙、虎丘云岩寺二山门为例介绍了个别古建筑的特殊牌科形制（姚承祖，1987）[20]。

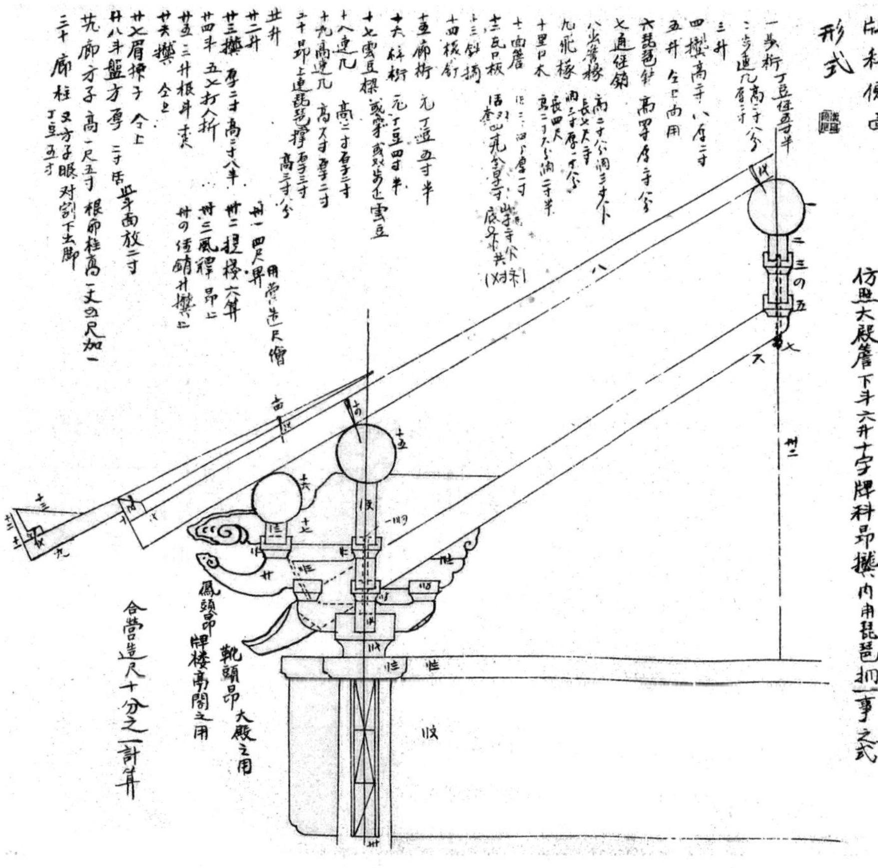

图 2-4　琵琶牌科图（姚承祖，1979）

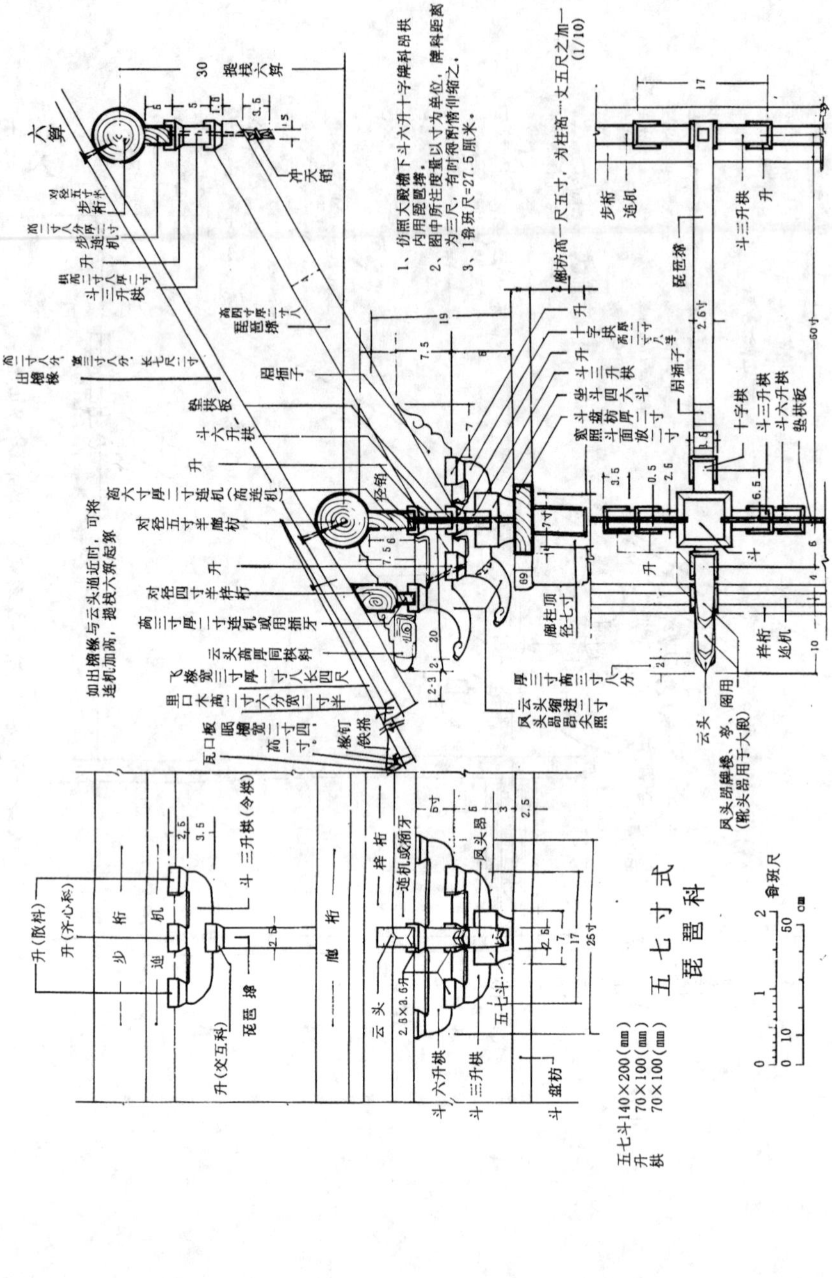

图 2-5 琵琶牌科图（姚承祖，1987）[204]

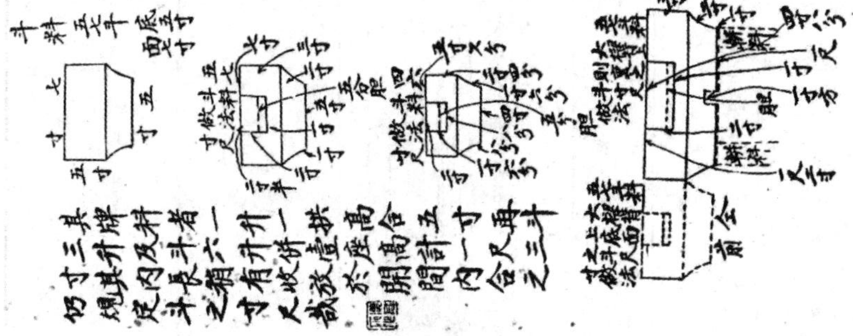

图 2-6　营造之中牌科分类说（姚承祖，1979）

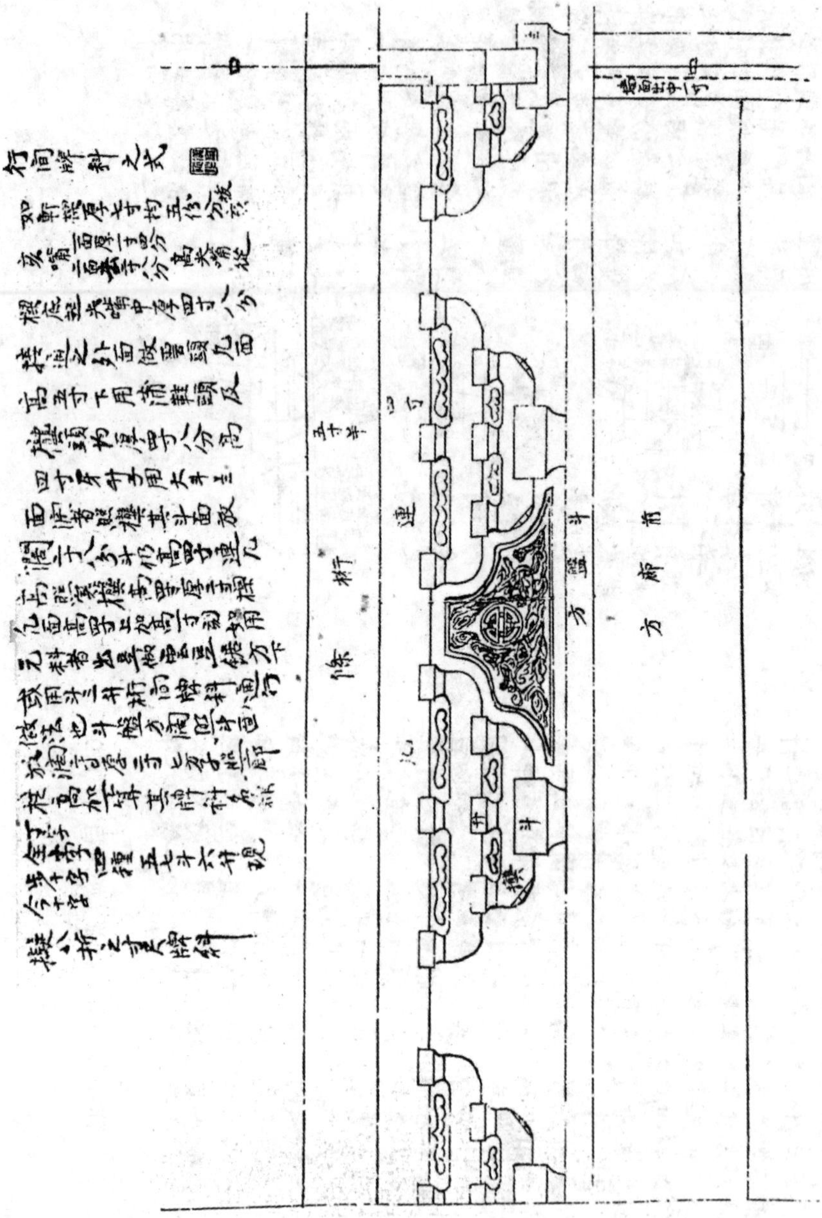

图 2-7 桁间牌科做法（姚承祖，1979）

对比张镛森增编的《营造法原·牌科》与《姚承祖营造法原图·营造之中牌科分类说》可以发现两者在编排上各自的特点：前者更强调体系性，从整体到局部，对牌科的类别、组件、比例进行了介绍，辅之以图版说明（可以认为，在张书中图版是对文字的注释），更强调叫什么、是什么。后者则更加注重工程实践性，以不同类型的牌科该如何进行工程构建为核心，将对整体比例、组件比例的探讨融入其中，且在探讨中根据姚承祖自身经验点出了工程难点和注意点，如在对“桁间牌科”（即“营造之中牌科分类说”中的“一斗六升、一斗三升、一单用斗蒲鞋豆一升”）的介绍中就有“柱豆上之斗依柱之大小经寸，余座均照五七寸尺落料，慎之”这样的语句。姚图更像施工图，图样无疑在其中居于核心位置，居于图上、图中的文字则是对图样的说明。这样的安排无疑更直观，更有利于营造匠人在实际操作中的使用，这并非孤例。根据沈黎（2011）[97]的研究，《姚承祖营造法原图》中的构件镶合图虽然很少有分件图，多数仅有正视图，有时有侧视图和顶视图，但因为用虚线表现了构件榫卯的亲合，还是比较容易看懂的。加上文字标注，就提供了足够营造匠人使用的信息。而张镛森增编的《营造法原》插图按照工程剖立面的画法原则，虽然将剖切到的构件轮廓加粗了，看线改细了，使人更容易理解剖切关系，但是对于构件交合的关注却减少了。虽然另补分件解开图，画出每一构件的三视图来，可是对于怎样组合读者反而更加难懂。“姚氏原图将工匠操作信息表达十分清楚，是真正施工图。而改绘后的图更像是竣工图，或者样式研究图，工程操作信息湮没很多。”（沈黎，2011）[92]

可以看出，张镛森的增编虽然使得《营造法原》更具精确性、体系性，使读者易于理解，且利于书的流传，但是现代工程图法和现代建筑著作撰写体系的引入却使得《营造法原》作为“匠人手记”以及匠人间知识与经验传递媒介的功能大为削弱。好在张镛森意识到了“用料、工限、歌诀为原书精神所寄”，对这部分“未改只字”（姚承祖，1987）[4]。

张镛森增编的《营造法原》目前共收录歌诀13首，基本收录在“平房楼房大木总例”（12首）和“提栈总论”（1首）两章中。试举两例。

一开间深六界
一间二贴二脊柱
四步四廊四矮柱
四条双步八条川
步枋二条廊用同
脊金短机六个头
七根桁条四连机
六椽一百零二根
眠檐勒望用四路

这是一开间深六界平房的歌诀（姚承祖，1986）[7-8]。中国建筑以木架负重，所需材料林林总总，令人目不暇接（见图2-8至图2-10），在建屋前营造匠人需要对所用材料进行充分估算。通过上述歌诀，营造匠人就可以轻松估算出建造一座一开间深六界平房所需的木材。

除了一开间深六界平房歌诀外，张镛森增编的《营造法原》还收录了二开间深六界平房、三开间深六界平房、一开间深六界楼房、二开间深六界楼房、三开间深六界楼房的歌诀。按照这些歌诀，营造匠人可以

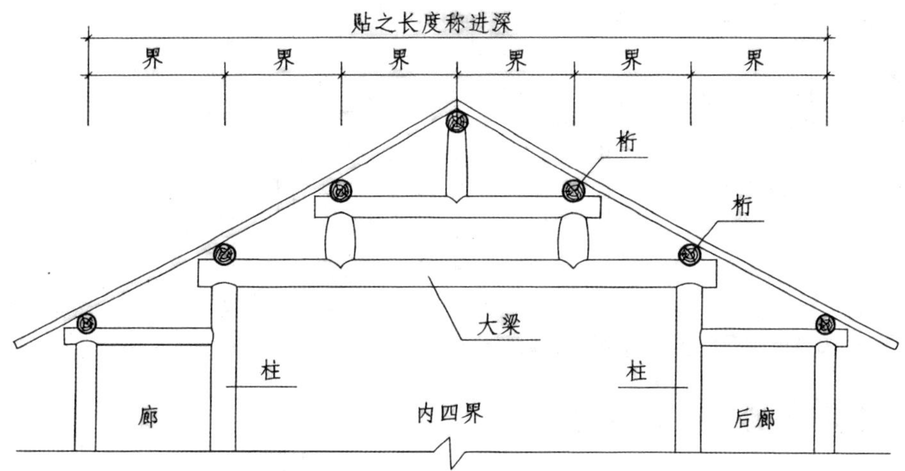

图 2-8　房屋进深图例（侯洪德 等，2014）[2]

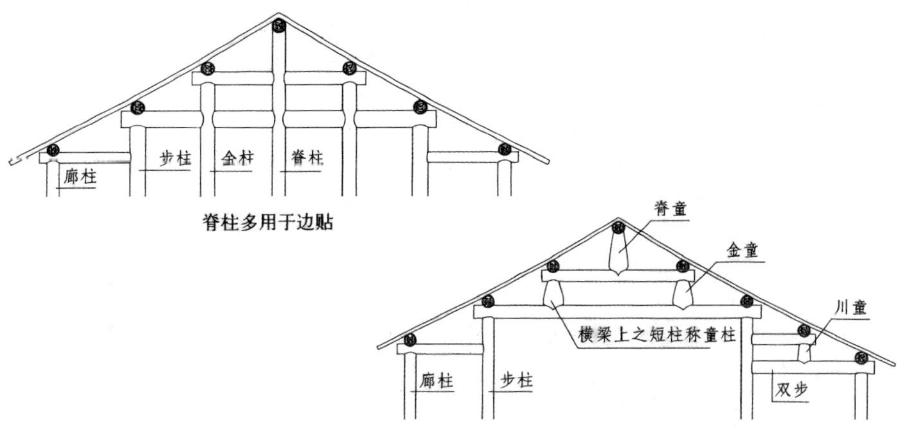

图 2-9　柱的名称（侯洪德 等，2014）[4]

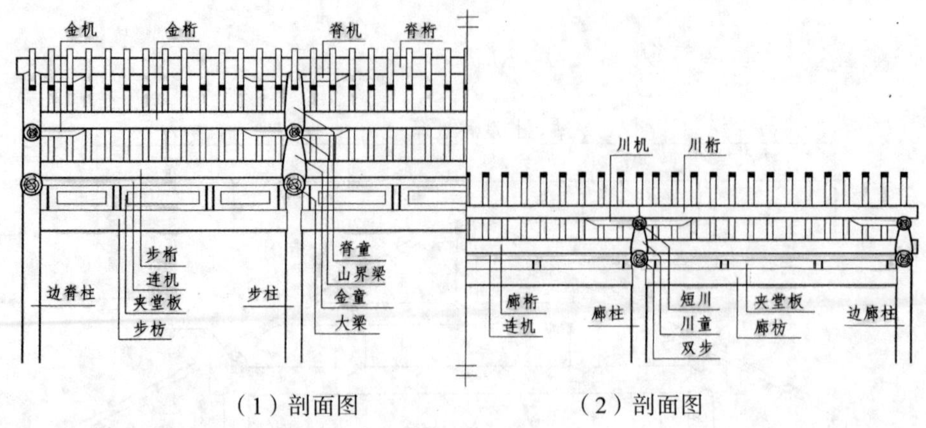

图 2-10　屋架开间方向剖面图（侯洪德 等，2014）[7]

估算出各种房屋的木料用度。

屋料何谓真市分
围篾真足九市称（上等）
八七用为通行造（中等）
六五价是公道论（下等）
木纳五音评造化
金水一气贯相生
楠木山桃并木荷
严柏椐木香樟栗
性硬直秀用放心
照前还可减加半（即除去加一半）
惟有杉木并松树
血柏乌绒及梓树

树性松嫩照加用
还有留心节斑痈
节烂斑雀痈入心
疤空头破糟是烂
进深开间横吃重
务将木病细交论

以上是张镛森增编的《营造法原》收录的营造匠人“选木围量”的歌诀（姚承祖，1986）[10]。其中围篾指的是一种以竹篾作软尺、围木材之周以计木材之直径的计算方法。歌诀文辞朴实，这里不多加以解释，但由此营造匠人依此歌诀在木行挑选建屋木材的情境清晰可见。此外，张镛森增编的《营造法原》所收录的歌诀还有：屋料定例歌诀，用于计算“假如房屋用西木之尺寸大小，无论进深、面阔、檐高之丈尺大小，其定例需用”（姚承祖，1987）[10]；全宅檐高之比例歌诀，用于按照定例计算住宅中各部房屋的檐高（姚承祖，1987）[12]；天井之比例歌诀，用于按照定例计算厅堂、圣殿、神殿祠堂等不同类型建筑的天井大小（姚承祖，1987）[12]；提栈歌诀，用于计算为了使屋顶斜坡成曲面，而将每层桁较下层比例加高的量（姚承祖，1987）[12]。分析这些歌诀，不难看出其中所记录的多是香山匠人经年传承的成规定例和实践经验。这些歌诀辞简意丰，便于匠人记忆。

《营造法原》文稿脱胎于姚承祖家传秘籍《梓业遗书》，两部著作简繁不等，但都是“匠家教科书”。所异者，前者的教学对象是建筑科的学子，后者的教学对象则是姚氏一族的子弟。通过这两部“匠家教科书”中的图样、文字、歌诀，受教者能方便掌握建筑构架、构件样式、选材备料、工限估算等。然而从教科书的标准来审视《营造法原》这部“匠家记录”，可以发现其存在的问题。第一，从篇章体例来看，该书侧重于对建筑构架及构件的工程样例解读，缺乏体系性，加之名词术语时常出现于样例之中，而对这些却疏于解释界定，初学者很难凭借此书入门。这里的入门有两层含义：一是由于缺乏体系性，初学者难以据此了解香山匠艺的基础，把握香山匠艺全貌。相较而言，张镛森所增编的《营造法原》虽然实践针对性相较原稿逊色不少，但体系性更强，从构件到整体、从工具到方法，解释精到，巨细靡遗，可以使人迅速入门。二是《营造法原》原稿虽然对实践难点有所提点，但缺少对基础的施工、制作方面的详细解释。换句话来说，该书可能更加符合那些已经对匠艺有所了解的营造匠人的需要，而初入此门的匠人（甚至是那些已具备基础匠艺的营造匠人）由于缺乏对工程实践的感性认知，文稿中的提点实际上对他们意义不大。第二，缺乏严谨性。仅从上文所引“营造之中牌科分类说”来看，文中所书之“豆”实际上是“头”的讹误，“桁间牌科”有时也会写作“行间牌科”。张镛森也在《营造法原·自序》中指出原稿中“搔亮”“夺木”“笋”“沿”等名词实际上是苏州匠工以讹传讹的误写，正写应是罩亮、叠木、榫、檐等，且正写的名词术语大部分曾出现于《营造法式》中（姚承祖，1987）[2]。不难看出，误写的术语在吴语中的读音与正写的术语相近，而所谓的讹误可能是营造匠人在长期的实践中不明语词的意义由来囫囵吞枣造成的，但由此所反映出的香山匠艺与以《营造法式》为代表的北方营造技术之间的渊源关系却不容忽视。实际上，缺乏了知识分子的参与，术语的“定型”很难实现。姚承祖虽然念过几年私塾，属于匠人群体中的“高知阶层”，但要对这些匠艺术语

进行溯源定型则是力有不逮，因此也就造成了《营造法原》文稿用词不严谨，甚至前后矛盾。第三，缺乏标准性。如图 2–1 中所用的数字。除了一、二、三、四等数字外，还使用了苏州地区明清时期普遍用于开单记账的“苏州码”。苏州码用〡、〢、〣、〤、〥、〦、〧、〨、〩、十来分别表示一、二、三、四、五、六、七、八、九、十。凡此种种都使得作为“教科书”的《营造法原》难以卒读。实际上，《营造法原》可能对那些在匠艺中浸淫有日、对香山帮营造匠艺和文化已有切身体验的营造匠人更有“进阶学习”的价值，朱启钤、刘敦桢等对《营造法原》难以解读也就情有可原了。此外，香山帮的营造实践虽是传统技艺，却也高度分工，《营造法原》中所收录的图样、文字、歌诀所承载的构架设计、样式描画、选材备料、工限估算等知识更是属于“作头”级别营造匠人的“高阶技能”，由此更能看出《营造法原》的“匠人进阶教科书”的特征。

其实，在一般营造匠人群体中能用这样的“教科书”进行知识传授的并不多，根据姚承祖曾孙姚午生所述：普通香山工匠世家的启蒙是上辈对下辈凭经验手把手地教的，是传子不传女的，有些绝活对外人还要保密。从没有用自写的书、用本人保存的家传秘籍和图册来对小辈进行启蒙的。正是在这种特殊的教育方式下，姚承祖才能够异军突起，成为《哲匠录》收录的清代最后一位“哲匠”。

“心传”与“文授”是营造匠人学习的两种基本途径。“心传”传技与艺，“文授”授样与式，两条途径各有侧重。根据上文的论述，我们可以得出以下几个结论。

第一，学徒期的“心传”是营造匠人终身发展的基础，它遵循着一定的法则，有其自身的特点。近世营造匠人对建筑结构、式样、制度、工限等“高阶知识”的掌握需要建立在手艺和实践经验之上，这就决定了营造匠人“学徒期”以手艺获得为中心的学习活动的基础性和必要性。营造匠人的手艺从本质上来说是匠人亲自利用工具对原材料进行加工的技能，因此在师傅的点拨下，在实践中自行领悟材料的辨别和工具的使用也就成为这一阶段学习的重点。此外，学徒期不仅是匠人手艺的奠基期，同时也是其职业生涯的奠基期，因此提前让学徒感受生产的实境、行业的法则，让学徒具备终身发展的能力也就成为该阶段的另一项重要任务。学徒期内的帮佣、工程现场的打下手、师傅的惜字如金以及学徒对经典建筑的自学实际上都发挥了营造匠人学徒阶段的“隐性课程”的作用。尽管从文献来看，中国营造匠人并没有如日本营造匠人那般对学徒期学习的实质有了反思性的认识，但两者之间高度的相似性，似乎可以说明中国营造匠人对学徒期学习可能并不自知，却早已自觉。需要指出的是中国近世营造匠人在学徒期一般是不接触抄本等“秘籍”的，只有在出师以后，才能见到和学习抄本（陈耀东，2010）[127]。

第二，学徒期仅仅是营造匠人学习的开始，为了进一步成长，营造匠人需要在日后的职业生活中不断学习，此时抄本等“教科书”的重要性就显现出来。实际上类似于《营造法原》或《梓业遗书》这样的载录营造工程做法的抄本只是匠人抄本中的一类，还有一类就是类似《鲁班经匠家镜》这样记录选址、择时的方法，各种禁忌、祭祀仪式安排、祝词、镇禳之术的抄本。当然既是抄本，就有进一步“抄录”的空间，优秀匠人也会在其职业生活中进一步丰富抄本的内容进而形成家族的“秘籍”。

第三，早在学徒阶段，营造匠人已被纳入受“行”影响、以师徒制为核心的社会关系中。在近世中国的工匠群体中，这种师徒制关系类似

家庭关系，具有高度的宗法性特征，也因此形成了师徒间的紧密联系，甚至这种联系会伴随、影响匠人一生。实际上这种传统古已有之，就某种程度而言，士阶层的师生关系也是“效仿”这种工匠中的师徒关系而产生的。早在唐代，韩愈《师说》就曾指出：“巫医乐师百工之人，不耻相师。士大夫之族，曰师、曰弟子云者，则群聚而笑之。……巫医乐师百工之人，君子不齿，今其智乃反不能及，其可怪也欤！”（韩愈，1986）[43]

第四，《营造法式》之后，营造匠艺实际上已经被纳入传统中国士阶层的话语体系之中。如前文所言，《营造法式》的编撰是一次全面系统地将建筑与以古代经典为代表的传统中国知识系统和话语体系勾连起来的尝试。在《营造法式》系统确立了营造的“标准”之后，其后包括《工程做法则例》《园冶》《工段营造录》《营造法原》在内的著作并没有再对这些原则本身进行理论上的反思与挑战（当然就像我们后文所要论述的那样，《园冶》有其自身的“理论架构”，但计成是在对建筑群组布局和工程实践上另辟蹊径，对于单体建筑以及营造所依傍的基础却并没有进行理论上的质疑），从《工程做法则例》和《营造法原》来看，后世对这些原则和标准几乎是照单全收的。

第五，结合上一章的论述，可以看出匠人的学习与职业生活的整个过程是被紧紧制约的。在学徒阶段，匠人要谨守各种师徒之间的礼法，按部就班地学习各种手艺与规矩。在职业生活中，一方面，各类经典规定了各种建筑及其构件的大小、式样甚至图案；另一方面，术数系统又牢牢规定了建筑的选址以及各种工序的顺序与时间。从另一个角度来看，这种制约又是桥梁，它给匠人提供了进入传统中国知识阶层话语体系，并与之开展“对话”甚至“合作”的可能性。事实上，正如后一章所述，要实现职业的发展、地位的提升，营造匠人就需要超越手艺，掌握知识阶层的话语。

第三章

匠作之路：营造匠人的职业生涯

梁思成（2001a）[15] 在《中国建筑史》一书中对中国传统建筑营造术曾作出过这样的评价：“建筑之术，师徒传授，不重书籍。建筑在我国素称匠学，非士大夫之事，盖建筑之术，已臻繁复，非受实际训练、毕生役其事者，无能为力，非若其他文艺，为士人子弟茶余酒后所得而兼也。”梁氏之语可谓中肯。如前文所述，一名营造匠人（尤其是优秀营造匠人）匠艺的习得是伴随其职业生涯始终的。通过前两章的论述，我们大致可以厘清营造匠艺、习得与其功能目标的关系，如表 3-1 所示。

表 3-1　营造匠艺、功能目标及习得方式

功能目标			匠艺		习得方式
环境规划			典章		抄本
			术数	择地	抄本
施工管理	整体管理				
	选料估料		算诀		抄本
	日程管理		术数	择日	抄本
	营造仪式		术数		抄本

续表

<table>
<tr><th colspan="3">功能目标</th><th colspan="2">匠艺</th><th>习得方式</th></tr>
<tr><td rowspan="2">建筑设计</td><td rowspan="2">式样设计</td><td rowspan="2">呈给业主</td><td>制图</td><td>外观图</td><td>抄本</td></tr>
<tr><td>典章</td><td></td><td>抄本</td></tr>
<tr><td rowspan="5">建筑设计</td><td rowspan="5">结构绘制</td><td>确定建筑平面</td><td>制图</td><td>地盘图</td><td>抄本</td></tr>
<tr><td>确定建筑贴式</td><td>制图</td><td>侧样图</td><td>抄本</td></tr>
<tr><td>确定举架、提栈</td><td>算诀</td><td></td><td>抄本</td></tr>
<tr><td rowspan="2">确定构件形制、尺寸、关系</td><td>制图</td><td>篙尺</td><td>抄本</td></tr>
<tr><td>算诀</td><td></td><td>抄本</td></tr>
<tr><td rowspan="2">构件绘制</td><td rowspan="2"></td><td rowspan="2">将用篙尺所确定尺寸的构件放样绘</td><td>制图</td><td></td><td>抄本</td></tr>
<tr><td>术数</td><td>尺法</td><td>抄本</td></tr>
<tr><td rowspan="2">构件制作</td><td rowspan="2"></td><td rowspan="2">制成构件</td><td rowspan="2">手艺</td><td>工具的掌握</td><td rowspan="2">学徒期学习</td></tr>
<tr><td>材料的辨别</td></tr>
</table>

这里有几点需要说明：第一，笔者在这里所述的环境规划、施工管理、建筑设计、构件绘制与构件制作五个过程主要还是针对在传统营造过程中最重要的工种——大木作而言的，这五个过程在具体营造实践中互有交错，不能从时序上加以细分。第二，虽然如前文所述中国传统建筑的营造可以不仰赖图纸，但并不意味着没有明确的分工，这种分工不仅是作与作之间的分工，即便在一作内部也有明确的分工。上述五个营造过程在实践中是由不同匠人分别承担的。第三，分工并不意味着技艺上的隔膜，实际上由于中国传统建筑以木料这种伸缩性比较强的天然材料为主要构材的特征，从事营造设计、营造管理的专人必须在设计中充分考量木料的伸缩性，甚至在具体施工中要因地制宜、因材制宜地进行

临时修改，而这需要长期的营造经验。实际上，从表 3-1 来看，由上至下，从环境规划到施工管理，到建筑设计，再到构件绘制，最后到构件制作，从营造匠艺角度来看呈现出一种包含特征，即绘制构件必须有常年制作构件的经历与手艺；进行建筑整体设计必须充分掌握构件的设计与制作；施工管理必须对建筑整体和营造全程有足够的认识，且要会处理施工中的突发状况（这就要求管理者精通各种手艺）；而环境规划虽然更强调建筑与建筑、建筑与环境之间的匹配，更多需要用到典章和术数知识，看似与营造匠艺无关，但毕竟须在环境中营建建筑，因此规划者仍然需要丰富的匠作经验。反过来，从构件制作到构件绘制、建筑设计、施工管理，再到环境规划，实际上也就是营造匠人匠艺学习与发展的路径，如图 3-1 所示。

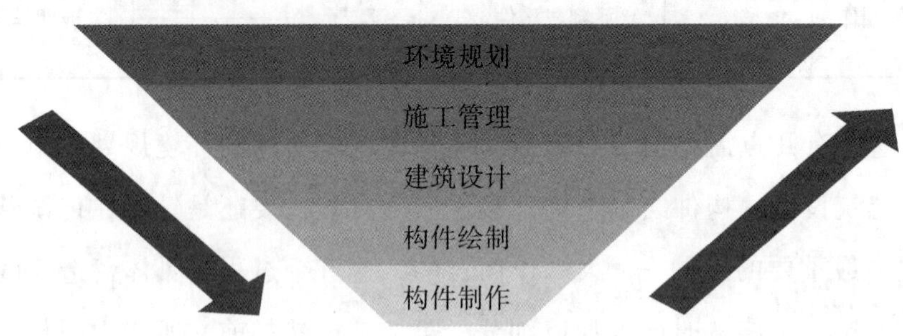

图 3-1　营造匠艺关系

需要指出的是，在营造过程中不同角色、不同工种对于匠艺的要求并不相同，营造匠人的地位与其在营造过程中承担的角色与工种密切相关，甚至可以说匠艺影响着匠人的职业生涯、社会地位。下面从民匠与官匠两方面分别加以论述。

一、在行谋生：民间匠人的职业生涯

如前文所述，近世以来随着匠人群体身份的日益市场化、自由化，工匠群体工商合流的特征愈加显著，行会对匠人的影响也越来越大，因此要讨论近世以来民间匠人的职业生涯，必须将之放诸行会的背景之中。

（一）行与行会

在中国，行会制度早已有之。根据全汉升（2016）[34]的研究，行的名称最初见于记载的为隋代，但这种组织的成立绝不始于隋代。到了宋代，随着经济和文化的空前繁荣，行获得了充分的发育。《东京梦华录》有载："凡雇觅人力、干当人、酒食作匠之类，各有行老供雇。"（孟元老，1982）[115]这里"行老"指的是管理本行内外事务的人，可见行会在宋代发挥着组织管理各行的作用。这种管理不仅是行业内部的自主管理，实际上官府在其中发挥着重要作用。"官府利用行会管理行户，行会也代表行户向官府争取利益。"（曲彦斌，1999）[51]傅筑夫（1980）[445]曾谈及元代的行的情况：在工商各业衰减的情况下，行的组织当然也不会有什么新的发展和变化，所以元代工商业诸行完全与宋代相同，是为了"当行""祗应"，是为了应付官府而不得不组织起来的。明代商品经济高度繁荣，行得到了发展，如今"三百六十行"之俗语就出于明代（田汝成，1980）[400]。在明代，各同业行会组织对成员的控制力度相较以往更大。根据曲彦斌的研究，明代"加入同业行会组织，需要登录于册。尤其是明季开始实行当行制度，对于行户的管理尤为严格，每一行户均需在政府审编的册簿上登记注册，而且数年进行一次审编”（曲彦斌，1999）[62]，且官府对“行”的影响愈加深入，沈榜（1980）[103-108]《宛署杂记》有录：

> 铺行之起，不知所始。盖铺居之民，各行不同，因以名之。国初悉城内外居民，因其里巷多少，编为排甲，而以其所业所货注之籍。遇各衙门有大典礼，则按籍给值役使，而互易之，其名曰行户。或一排之中，一行之物，总以一人答应，岁终践更，其名曰当行，然实未有征银之例。后因各行不便，乃议征行银。其法计生理丰约，征银在官。每遇有事，官中召商径自买办。……今查得宛、大二县，原编一百三十二行，除本多利重如典当等项一百行，仍行照旧纳银，如遇逃故消乏，许其告首，查实豁免外……

可知，明代的行有责任协助官府办理有关事务，行首协助官府管理行户事务。从这个角度讲，行实际起着联系官府与各作的作用，而行首从某种程度来说就是官府在行中的代言人了。清代的行及行会有了进一步发展，专业进一步细分、制度进一步严密，官府也进一步加强了对行会的控制。对行会首领的选任，清政府采取了干预政策。对于民间自行推举而未经官府认可者，即视为私举，以违法论处。如同治六年所立《长元吴三县永禁烛业行头名目碑》（江苏省博物馆，1959）[220]载：

> 查前据烛业做工杜季魁等喊控陈老七等自称行头，向身等做手，索贴钱文，供伊食用，一不遂意，即肆凶诈骇。……伊等俱属无业

匪类，借行头名目，苛敛肥己，深受其害，环求究办各等情。

结果，官府枷责了自称行头的陈老七并“递籍管束”。

（二）在行谋生

近世以来营造匠人与行会的关系又是怎样的？苏州清洲观前34号原为苏州梓义公所，所谓公所是“行会的办公地方，同时又是同业者共同祭祀本行祖师之所在”（全汉升，2016）[67]。梓义公所，顾名思义是当地木业行会的办公地。从《苏州府为吴县香山帮水木匠业在城修葺公所并置义冢禁止匪棍阻扰碑记》来看，此公所由来已久，“向在长邑元妙观□□□□中，供奉鲁班仙师，为办公之所”，“嗣因经费不敷，年久失修，一切公举，渐次废弛”，（江苏省博物馆，1959）[79] 故在道光三十年由董汤斌、顾鹤发起募款修缮之。自清道光三十年起至民国三十五年止，在其中共立石碑九座①，给后人留下了研究营造匠人与行会关系的宝贵材料。此外，苏州还留有一批其他营造业碑刻。从这些碑刻中我们可以看出当时营造业行会的功能和特点。当时的营造业行会有如下几个功能。

1. 议各作开业、收徒之事

例如，道光二十四年所立的《小木业公议各项条规碑记》（江苏省博物馆，1959）[107-108] 有录：

一议同业花甲以外开张行规，以免。

① 现存于苏州碑刻博物馆。

一议众店友因未行规大事，仍开公所公议。

一议倘有私事，毋许开公所。如有私开，议罚。

一议外行开张吾业，先交行规钱四两八钱。

一议外来伙友开张，先交行规钱四两八钱。

一议本城出师开张，先交行规钱二两四钱。

一议要带本地之徒，先交行规钱五两。

一议倘有不交行规私开，照规加倍。

一议新开作户，要领行单为据。

一议此钱入与公所，款神祝献公用。

可见开张、收徒诸种事宜均在行会管辖范畴之内，如有违反，行会拥有惩处的权力。

2. 议定统一各作匠人工资

例如，光绪二十九年所立《梓义公所规定新工价及捐款收支数目碑》（江苏省博物馆，1959）[82] 规定：

谨启者，吾行水木作众友，向有成规，于光绪十三年工价钱一百二十文，因府宪示禁小钱，通用卡钱，每百九三扣。今因大行于三月朔汇议，同小行议定章程，四月朔日起，每工补足卡钱一百二十文，城内外一例知悉，不得参差。

其后的民国九年《梓义公所决议水木作增加工资及施行日期碑》《吴县规定水木作增加工资标准及工作时间碑》，民国十一年《水木作因物资

昂贵增加工资标准碑》，民国十四年《水木作增加工资碑》，民国二十八年《水木作增加工资碑》，实际上都是为了统一各作的工资。这里有必要谈一下近世营造匠人的收入水平。

根据《梓义公所规定新工价及捐款收支数目碑》，光绪二十九年苏州匠师每工所得为120文（实际上从光绪十三年起每工120文的工价就没有变动，只是钱币从“小钱”转为“卡钱”，大致可以推断光绪朝苏州匠师工价大致为每工120文）。根据彭信威《中国货币史》，光绪年间全国银钱比价大约是1∶1503，由此可知光绪朝苏州匠师工价每工折银大致为8分，仍以每匠师每年工作11个月计算，每匠师每年的收入大致为银26.7两。根据方行（1996）的研究，清代江南人的日常生活所需大致为每年每户（以一家5口计），口粮15石（以常年米价1石值银1两为准，约需银15两），副食（包括油盐荤菜蔬之类）约银7两，用布约银3两，燃料约银3两。如此，全年生活费支出为银28两左右。对比之后不难看出，清代江南匠师一年的收入差不多就是一个5口之家全年的开支。

那么此前营造匠人的收入又是几何？对明代普通营造匠人的收入罕有记载，但《工部厂库须知》中的相关记载却提供了蛛丝马迹。《工部厂库须知》总计12卷，成书于明万历四十三年，内容涉及经济、管理、设计、营造、运输、检验等诸多方面，由时任工部给事中的何士晋纂辑，另有工部郎官、主事和都察院监察御史等参与编撰。《工部厂库须知》侧重于工部等工官机构运行的典章制度，包含工程管理、备料选料、预算决算、过程监督、报批备案等诸多建筑、工程从设计到营造整体过程的管理制度，其对于准确了解和掌握明朝官方建筑的营造体系、方式和制度等具有极为重要的意义。《工部厂库须知》中有各项基本营建工程中的用匠数量以及雇匠费用，从中可以大致了解明代万历年间营造匠人的收入水平。

《工部厂库须知》第四卷有“修仓厂”一节，旨在记述“京仓修理事节”（何士晋，2013）[107]，对京仓修缮过程中的各项用料、用匠数量及相应拨款均有详细记录，其中对营造匠人使用的记述如下：

> 木石、瓦搭、桶箔等匠，计工一万一千四百二十四工，共该银六百八十五两四钱四分。此系长工算数，如遇短工，照例扣减。（何士晋，2013）[109]

照此计算，在“修仓厂”工程中每匠每工（每名匠师工作一日记为1工）约为银6分。需要指出的是，在《工部厂库须知》中匠与夫是有区分的，如《工部厂库须知》第四卷“都重城”（即修理城墙）一节有如下记载：

> 重城砌砖之高，有四十五层至五十三层者。每一丈用瓦匠三名，自下而上三分之，下一段可砌九层，中一段可砌八层，上一段可砌七层，以渐上渐难于用力。用匠三名，约五日计十五工，可砌完一丈。加匠三十名，可砌完十丈。用夫每匠二、三名不等。（何士晋，2013）[106]

可见夫是配合匠工作的。在“修仓厂”一节中也有“用夫”的记录：

> 织箔夫、供作夫，每廒供作提准九百六十八工，织箔夫三十九

工，共二万四千一百六十八工，该银九百六十六两七钱二分。此系长工算数，如遇短工扣除，其木茬旧料，照例扣抵。（何士晋，2013）[109]

照此计算，在“修仓厂”工程中每夫每工约为银 4 分。可见匠的收入明显高于夫。其后有更清晰的工价：

木石，瓦，搭匠长工，每工银六分。短工，每工银五分五厘。夫长工，每工银四分。短工，每工银三分五厘。（何士晋，2013）[111]

通观《工部厂库须知》，每工银 6 分大体是当时通例，如卷五记载了“琉璃黑瓦厂”的制瓦工的工价：

以上各项，匠工给银六分，每匠六工。用供作夫十九名，开运莺房黑土、运黄土夫共二十三名。（何士晋，2013）[141]

当然也有工价较高的，如卷四记录了在“三山大石窝”开采、加工石料的石工工价：

白玉石折方，每一寸准匠一工，给银七分。
青白石折方，每六寸准匠一工。（何士晋，2013）[102]

可见石工的工价高于营造匠师，但亦相去不远。以每日得银 7 分、一年工作 11 个月计算，明万历年间普通匠师一年收入在白银 20 两左右，这在当时又是怎样的一个收入水平？

这里将米、盐的价格与匠师收入作一对比，先说米。万历年间灾荒不断，根据明末大儒张履祥《狷士记》记载，自万历十六年至二十三年浙江嘉兴府桐乡县米价波动异常，其中万历十九年米价最高，达到每石5两余银子；一般年份，大体维持在每石3两银子。万历十七、十八年两个年份，米价较低，分别为每石1.6—1.7两银子和1两银子（张履祥，2002）[506–507]。而根据谢国祯（2006）[210–216]的研究，万历四十年，苏州吴江县的米价应当是每石0.8两银子。再看盐价。根据宋应星（1976）[37]的记载，每50斤盐，价格贵时需5钱多银子，但价格便宜时则只需4钱多银子。那么在明代，一个人究竟需要多少米才能免于饥饿？陈宝良的研究提供了可资借鉴的视角。根据明代史料记载，一个僧人或一个道士一年大概需要吃6石米（陈宝良，2016）[87–96]。折算下来，一户家庭大口每天的食米数为1升。若按最低标准计算，大口一年需食米3.6石，小口一年需食米1.8石。一个5口之家，2个大口，3个小口，那么一年单是粮食消费就需要12.6石，按照平价计算，需要支出12.6两银子。食米、食盐两项相加，明代一个5口之家的全年消费，至少需要14.2两银子。若是加上诸如柴薪、油、酱、醋、茶的日常开支，以及其他的人情消费，当不下于20两银子（陈宝良，2016）[87–96]。对比之后不难看出，明代一名营造匠人一年的收入勉强够一个5口之家全年的开支。

对比明清两代，可见近世以来普通营造匠人的收入大体维持在一人收入可维持全家5口人生活的水平，考虑到营造匠人一般仍有田亩，如果夫妻二人皆劳作，虽不致富贵，亦可保持一定的生活水平。从某种意义上讲，比“靠天吃饭”的农夫要强不少。

3. 行会承担了同业公益职能

《苏州府为吴县香山帮水木匠业在城修葺公所并置义冢禁止匪棍阻扰碑记》载："除在香山购得□□□□为同业丧葬义地，并议各作先为捐凑钱一千串修葺，添设医药棺木。"（江苏省博物馆，1959）[79]可见梓业公所承担了接济行内营造匠人治病、丧葬的职能。除此之外，尤可注意的是营造业对教育的重视。《石业公所建立学堂兼办善举碑》（苏州历史博物馆 等，1981）[133]记载了光绪三十二年苏州石业公所众筹建立小学堂"延师教授同业子弟"的义举：

> 生等皆系三邑境内石作生理。安分营生，不预外事。因见宪尊筹办兴学，人材蔚起。生等虽系庸懦无知，然亦热心教育。现在同业公议，拟设知新蒙小学堂一所，以冀稍补万分之一。生锦山将自置元邑九都四图半边街绣花弄坐南朝北平屋一所，二进计八间两披，情愿捐作同业公地。学堂即设内进，延师教授同业子弟。

不仅是石业公所，作为梓业公所排名第一的理事的姚承祖也曾捐资兴建梓义小学与墅峰小学，供同业子弟就读。

4. 祭祀行业神明，筹办行业典仪

《苏州府为吴县香山帮水木匠业在城修葺公所并置义冢禁止匪棍阻扰碑记》（江苏省博物馆，1959）[79-80]记载：

> 水木匠业，香山帮为最，向在长邑元妙观□□□□中，供奉鲁班仙师。……设立司年司月轮管，并用香工一人常川照管。

可见祭祀行业神明、筹办行业典仪为公所重要事务。实际上祭祀神祇与业祖是各行的经常性活动，唐代就有相关记载：

> 吴太伯门，在苏阊门之西，每春秋季，市肆相率合牢醴祈福于三让王，多图善马采举以献之。时乙丑春，有金银行首纠合其徒，以轻绡画美人，侍婢捧胡琴以从，其貌出于旧绘者，名美人曰胜儿。盖户牖墙壁间前后所献者，无以匹也。（全汉升，2007）[38-39]

到宋代更是蔚为风潮，《东京梦华录》就曾记载官府、诸行六月六庆祝崔府君生日的盛况。《梦粱录》也有三月二十八诸行大行祭祀东岳帝君诞辰的记载。各行各业均有其神祇与业祖，如木工崇拜鲁班、乐工崇拜孔明、鞋匠崇拜鬼谷子、笔匠崇拜蒙恬、纸业崇拜蔡伦、墨工崇拜吕祖、瓦工崇拜女娲、药工崇拜药王菩萨、裁缝匠崇拜黄帝、织物工崇拜机神等，而营造匠师所共同崇拜的祖师则是鲁班。很难说这种崇拜就是宗教信仰，但它能够增进成员间凝聚力，维系行业内部团结，满足商人趋吉避祸的心理需求（彭南生，2003）[35]。

“香山圈里有两座鲁班殿”，除了梓义公所外，还有一座在蒯祥的故里——渔帆村广慈庵内，该村为蒯氏后裔集中居住处（李嘉球，1999）[109]。李嘉球（1999）[109]详细记述了香山匠师祭祀鲁班的仪式过程：

> 渔帆村祭祀鲁班的日期为每年的正月十五日，神像前供有香菇干、甘蔗、桔子、乌菱、状元糕炙糕等，并搭吹鼓台。祭祀开始，工匠中有威望者（同伙称“头上人”、“头郎人”）举行“接佛”仪

式，道士鼓手热闹吹打，领全体工匠向神像跪拜叩头；跪拜叩头完后，即由道士（实际有的是“堂名”）吹打唱念。至中午前（有时到傍晚前）举行“送佛”仪式，“头郎人”再次带领工匠们向神像跪拜叩头；仪式结束即“送佛”散堂，“头郎人”陪伴道士吹鼓手一起去吃“散堂酒”。其余人则留下来看请来的戏班子演戏，一直要演到第二天清晨才结束。

渔帆村鲁班殿有一亩半“庙产地”，每年收租一石二斗糙粳，放息收利，作为鲁班殿的活动经费。另外，出师的工匠也要向鲁班殿交一定的钱。

鲁班是营造匠师的业祖，各地也有祭祀鲁班的类似仪式。据《山东省志·民俗志》记载，山东各地木匠、瓦匠、石匠尊鲁班为祖师爷，每年于农历五月初七聚会纪念。“掌尺的”（也就是把头、作头）率众叩拜，然后各人把一件工具放在神主牌前，焚化黄表纸，纸灰落在谁的工具上，就是祖师爷向谁“赐巧”（山东省地方史志编纂委员会，1996）[68]。《沂源民俗志》记载，沂源匠师在收徒、开工、聚会等场合都要祭祀鲁班。营造匠人在春节后的开工仪式中要把用黄纸写好的“鲁班师祖”之位，用秫秸秆夹住插在馒头或泥座上，摆上供品，焚香烧纸，同门木匠师徒要跪拜叩头，然后启用各种工具。其意是今天要干活了，一来请祖师爷保佑一年顺利安全生产，二来祈求祖师爷在工艺上暗暗指导。木匠行会每年也有聚会，商议行中事务，聚会时间大都选定在三月初三。聚会的地点一般在鲁班庙。在纪念会上，方圆二三十里乡、镇的所有木工（包括师傅徒弟）都聚集在一起，在事先选好的负责人的安排下凑钱杀猪、宰羊、焚纸、烧香，供奉鲁班大师。之后，经过充分讨论和征求大伙意见，统一确定本年度的木工价钱，任何人不得随意提价和私自降价。如果是给亲朋好友干活，可采取让工不让钱的办法（沂源县文史资料委员会，2002）[354]。

以上呈现了营造匠人行会在行业内部的部分职能，从中我们也能发现一些特点。

第一，行会的成员有商户，有个人，如“议得三邑同行公捐，一应砖瓦石灰木料，每千捐钱十文，并不在伙捐□□□，不捐照章议罚”（江苏省博物馆，1959）[79]一句中，“每千捐钱十文”的应当是商户（根据其营业所得缴纳“公捐”），“并不在伙”应当指的就是个人。有意思的是，到了光绪十二年，可能是其间发生了许多推诿、瞒报的故事（“事多窒碍”），最后梓业公所放弃了这种每千捐钱 10 文的做法，改为每月捐钱 3000 文（江苏省博物馆，1959）[81]。当然“行外工”（即散匠）在当时也大量存在，且有其松散的组织体系，如《申报》在光绪三年（1877 年）七月十三日就曾刊出“木匠逞蛮”：

> 宁波小木作向有规章，凡冬季夜作至二更为度。去秋各散匠曾纠众违规，以致涉讼，由县而府即经前郡尊劝谕匠头酌加工银，散匠仍当照常作工，不得停止扰闹在案。及兹初七日散匠李阿小等，复纠聚多人，在鲁班庙演戏饮酒，违谕更立石碑。匠头胡陈二人偕石工欲凿去其碑上之字，散匠闻声追出，胡陈已逸去。散匠及纠同二百余人打至其家，拳石交下，见胡陈已身受重伤，始一哄而散，随即报官请验。然散匠尚恃强不服，县差亦畏其众，不敢指拿，未知作何了结也。

但“散匠”应当得不到行会的庇护和公益保障。

第二，行会对其成员具有一定的强制性，如《苏州府为吴县香山帮水木匠业在城修葺公所并置义冢禁止匪棍阻扰碑记》所述“不捐照章议罚”（江苏省博物馆，1959）[79]。

第三，行会的这种强制性得到了官府的承认和支持，“尔等须知顾松泉等集议在于水木公所，照旧兴办同业贫穷工伙医药棺木丧葬等事，悉属善举。……各宜凛遵毋违，特示遵”（江苏省博物馆，1959）[81-82]，背书意味浓厚。与欧洲中世纪行会不同，在传统中国，行会的强制性来源于官府的认可。行规的执行要依靠政府的政治强制力量，如行规要经官府认同颁布，违反行规要靠政府示禁惩罚，等等。如果行会未经官府许可对违规行户动用私刑处罚，就触犯刑律，按律处断。也就是说，行会的任何组织规则只有取得法律地位，起码要被官府认可，才会具有约束力，这是中国行会组织规则不同于西欧中世纪行会组织规则的重要特点。（魏天安 等，2007）[113]

综上所述，行会事实上已经渗入营造匠人生活的方方面面，生老病死、子女教育、职业劳作、授徒营业处处都有行会的影子，营造匠人对行的认同在典仪和隐语①等的支撑下得到了进一步加强，且在行的内部形成了一个完整的营造匠人的“等级结构”。光绪二十九年所立的《梓义

---

① 隐语又称切口、行话，是一种遁词隐意、谲譬指事，有回避外人知晓并带有一定游戏性质的语言，只有本行业人能理解。香山匠师的隐语已经形成了一个系统，几乎涵盖了他们职业生活的方方面面，其功能有二：第一，防止外人了解本群体的一些情况，如术语的隐语化可以有效防止外人偷师，而当匠师使用“龙堆拉”“曲留”这些隐语时，东家是断不会想到他们是在议论自己为人奸刁的。第二，有助于进一步形成群体认同，增进成员间的凝聚与团结。

公所规定新工价及捐款收支数目碑》有“今因大行于三月朔汇议，同小行议定章程，四月朔日起，每工补足卡钱一百二十文，城内外一例知悉，不得参差”（江苏省博物馆，1959）[82] 这样的记载。从这段碑文中我们可以看出在水木匠业行会内部有大、小行之别，且大行的地位要高于小行。根据碑文的描述，显然新工价的议定是先在大行之间达成共识，然后才与小行“议定章程”的。再加上前文的论述，我们基本可以推断水木匠业的层次结构，如图 3-2 所示。

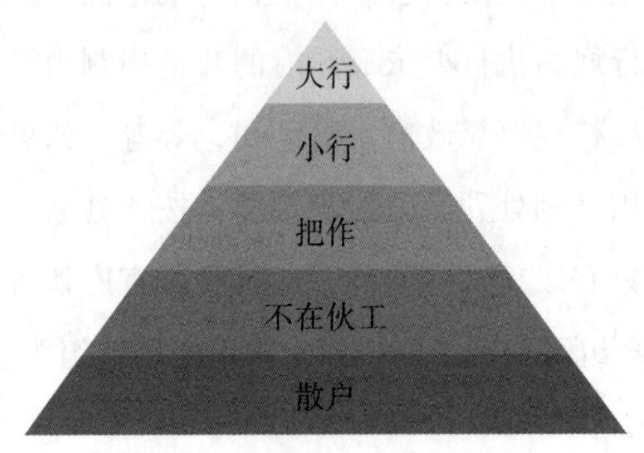

图 3-2 水木匠业层次结构

在图 3-2 中“小行”与“不在伙工”之间多了一层“把作”。在各作中，往往有一些技艺高超，已具备独当一面、独自主持工程项目能力的营造工匠，他们出于种种原因没有选择自行开作，反而寓于某作之中，这些匠人就是“把作”，其职能类似于今天的总工程师（沈黎，2011）[75]。大行之上则有公所理事，据民国九年《吴县规定水木作增加工资标准及工作时间碑》所载，“案据梓义公所理事姚汉廷……呈称”（江苏省博物馆，1959）[85]，可知梓业公所施行的是理事制度，而碑文中所提到的姚汉廷就是《营造法原》的作者姚承祖。从姚承祖的身份进行判断，可以确

定公所的理事当是由大行中选出的。结合前文论述，可以看出处于这个等级架构高位的匠人的“权力”：一是可以制定行业政策，二是可以主持行业典仪，三是代表行与官府进行沟通。当然处高位者也须尽其义务，根据以上所列碑文可以看出，这些行业首领要比普通匠人承担更多的职责，如捐出更多的钱款、参与各项行内公共事务等。这样的等级架构实际上给予了营造匠人一条“向上的渠道”。何以向上？全在经营。只有通过自身的努力，从“不在伙工”成长为“把作”，从“把作”到“小行”，从“小行”到“大行”，才能实现在行业内部的“向上流动”。这里实际上包含着两个关键点。第一个关键点是从“不在伙工”成长为“把作”。第一章所提及的那些能够画“篙尺”并能够将“篙尺”上的讯息弹到木料上以供其他木匠制作的营造匠人就是“把作”。按照图 3–1，“把作”实际上就是那些掌握了工程管理、构件设计、建筑设计要领的营造匠人。之所以称这是个关键点，是因为从“不在伙工”成长为“把作”实际上意味着营造匠人已经超越了手艺，进入了匠艺的另一个层次。第二个关键点是从“把作”到“小行”。这从表面上看意味着营造匠人要成长为一名商人，实现工商融合，实际上这种融合早在清代前期就已经发生，清雍正帝曾就一桩案件作出批示：

> 题在案又革职员外郎郑玉珩致死匠作邱义二一案，缘义二包造花园，玉珩短少工价，义二以各行欠账催迫缢死，审无致死别情，仍拟玉珩威逼，重杖。

从朱批可知，在该案中作头邱义二被业主敷衍工价，以至于无力偿付其他各行的工程款项，被逼无奈自缢身亡。据此可知在雍正时期一部分营造匠人已成为工程承包人，他们向主人收取工价，再转付各行，工商合流的情形已经出现。工商合流实际上对营造匠人的匠艺提出了更高的要求。这意味着匠人不仅要有高超的手艺，而且要能应对业主的其他各种需求。前文所引陈铎的散曲道出了此中原委：营造匠人固然能凭着“艺业果高强”，做到“行次尽伏降”，但要真正实现“揽主”，首先还是要“呈样”。这里的呈样只是一个代称，实际上包括前文所述建筑设计、环境规划中的各种内容。由此不难看出，之所以将“把作”到“小行”称为第二个关键点，主要是因为在此过程中营造匠人要进一步扩展其匠艺，从单纯的“匠人话语体系”进一步向“知识阶层话语体系”扩展。

如前文所述，在传统中国，长期以来行首是官府在行中的代言人，营造匠人一步步从散匠成长为大行，甚至成长为行首，实际上就是营造匠人凭借匠艺不断接近权力的过程。那么再进一步追问，营造匠人是否可以凭借自身匠艺直接获得权力？答案是肯定的。

二、匠人入仕：营造匠人的另一种生涯

近世以来关于营造匠人尤其要注意的是匠人入仕现象。这里说的匠人入仕并非匠籍入仕。在明代中后期随着科举向匠户的开放，大量匠籍人员借以登科入仕。而所谓匠人入仕，指的是匠人未通过科举，单纯依凭自己的匠艺进入士大夫群体的过程。中国历史上的选官制度，除科举制外，有秦的二十等爵制、两汉的贤良方正制、魏晋南北朝的九品中正

制等，但无论何种制度，都罕有以技艺水平作为选人任官的标准。当然依靠技术水平入仕也并非绝无仅有，如隋唐时阎毗和阎立本、阎立德父子等俱是以匠艺入仕，但这种情况毕竟只是昙花一现。营造是专业性非常强的工作，但在元代以前作为营造主管部门的工部哪怕是低品级官职也俱是由科举出身的文人担任。《宋会要辑稿·选举》记载："太平兴国二年始命第一、第二等进士及九经授将作监丞、大理评事、通判诸州。""太平兴国二年三月二十三日诏新进及第进士吕蒙正以第一等为将作监，……十一月二十日以新及第进士胡旦、田锡、赵昌炎、李苏为将作监丞。"《续资治通鉴长编·卷六十·丁丑》也有载："进士、诸科同出身试将作监主簿。"如前文所述，元代匠籍制度的推行，固然限制了匠人的流动，但从客观上来说却提升了匠人的社会地位，匠人也因此有了入仕的渠道。例如杨琼，据《哲匠录》："杨琼，曲阳县西阳平村人。幼业石，每出新意，人莫能及。……中统至元间，营两都宫殿城郭，累迁领大都等处山场石局总管。……十四年任少府少监。翌年卒，赠宏农郡伯。"（杨永生，2005）[133] 又如王浩："王浩，曲阳阎家疃人。至元初，大都营缮方兴，浩本石工，由侍卫军改隶少府监石局，以艺业精妙，迁采石局提控，转提领。"（杨永生，2005）[135] 但如杨琼、王浩等元代匠官，品级并不高。到了明代，情况发生了很大的变化，表 3-2 为《明实录》中记载的明代部分入仕的营造匠人。

表 3-2 《明实录》所录明代部分营造类入仕匠人

序号	姓名	出身	任职
1	陆祥	石工	工部侍郎

续表

序号	姓名	出身	任职
2	杨青	瓦工	工部侍郎
3	蒯祥	木工	工部侍郎
4	蒯义	木工	工部侍郎
5	蒯钢	木工	工部侍郎
6	蔡信	木工	工部侍郎
7	徐杲	木工	工部尚书
8	郭文英	木工	工部侍郎

明代匠人入仕人数之多、品级之高是历史上独有的，后来的清代虽有样式雷这样技艺精湛的营造世家，但相关人员所担任的也只是内务府营造司样房掌案这样的小官。在这里我们要回答三个问题：第一，为何在明代能有这样大规模的匠人入仕情况出现？第二，这些担任要职的匠人究竟因何被拔擢到这样的高位？第三，匠人大规模的入仕是否提升了匠人的地位？

（一）何能入仕

首先需要指出的是，在明代匠人入仕并非帝王临时起意之举，相反是被朝廷典章制度确定下来的一种选官制度。据《明史》记载：洪武廿五年四月庚申，改将作司为营缮所，秩正七品。设所正、所副、所丞各二员，以诸匠之精艺者为之。“按洪武初，既设工部，将作仍存，其后将作司改为营缮所，终明之世承之不改。欲考明代营造，则将作营缮其重要机关也。”（中国营造学社，2006）[118] 从以上史料来看，明初营造匠人

凭借匠艺制度性入仕的道路已经打开，这与宋、元两代的情形很不一样。明代中前期，大规模拔擢匠人并不稀见。《明世宗实录》记载：

嘉靖五年四月，兵部侍郎胡世宁言比者官匠赵奎等五十四人以太监张忠一言尽行升职，祖宗列圣以来臣未之前闻也。且自古国家财尽必取于民，民穷必至于变。今官赏既滥，则俸入不得不增，恐有限之供输不能给无涯之用度。陛下为祖宗保天下，为天地养生民，不宜有此。疏入，未报。会太监周缙王本等奏乞录已故太监罗钥、秦文宗属诏复从之。于是尚书李钺等骤谏言，我朝旧制武阶专以待军功，管事必由于推选，自正德间为权奸所坏，几危社稷，今厘革未几，而内臣乞升之奏随请随得，如祖宗成宪何？如天下公议何？况小人之欲愈纵愈贪，若不早赐禁绝，恐将来无复底止。

上以升授官职亦先朝故事，戒钺等勿复言。

从这段史料来看，在嘉靖五年，明世宗一次拔擢了赵奎等五十四名工匠，虽然遭到了胡世宁、李钺等大臣的反对，却以“升授官职亦先朝故事”为由，驳回了胡、李等奏呈。可见大规模拔擢匠人入仕已是明代经常之举。事实上，不但营造匠人可凭匠艺入仕，在明代，其他工匠也享有此待遇。清褚人获《坚瓠集》有“明初异擢”一条，记录了明初匠人由于种种技艺而被拔擢入仕的情况：

洪武初，徐兴祖、井杲俱以厨役授光禄卿。杜安道、洪观俱以栉工官太常卿、礼部左侍郎。蔡春、王兴宗俱以皂隶官布政使。他

> 如李孜省、邓常恩、赵王芝、凌中俱以方术进。顾玒由巫师俱官太常卿。金忠以卜术官至兵部尚书，赠少师。袁珙以相术官太常寺丞，赠少卿；子忠彻官至尚宝少卿。蒯祥、蒯义、蒯钢、蔡信、郭文英俱以木工官至工部左右侍郎。陆祥以石工官至工部左侍郎。许绅以医官至太子太保、礼部尚书。蒋宗武以医官通政司通政使。施钦仲、兰奈、宗周、张銮、徐伟俱以医得官。礼部左侍郎汤序、右侍郎康永韶俱以天文生授。

清代的赵翼在其《廿二史札记·卷三十四》“吏役至大官”一条中记录了明代中前期数次大规模匠人入仕的情况：

> （弘治）八年，修隆善寺，工竣，授工匠三十人官，尚宝（少）卿任道逊等以书碑亦进秩，王诏上疏切谏，工匠授官已滥觞于此。正德初，刘健等疏中有：“画史、工匠滥授官职，多至数百人，岂可不罢？”刘瑾擅权，《通鉴纂要》成，诬诸翰林纂修官誊写不谨，皆被谴，而命文华殿书办张骏等改誊，骏擢至礼部尚书，他授京卿者又数人，装潢匠役亦授官秩。世祖时，匠役徐杲以营造擢官工部尚书，其属冒太仆少卿、苑马卿以下职衔者以百数。又工匠赵奎等五十四人亦以中官请，悉授职。

为何明代能打破陈规，有如此众多的工匠入仕？这与明代立国之初统治集团内部构成有莫大关系。众所周知，明太祖朱元璋起于寒微，明初的朝臣来源也是五花八门，如著名的姚广孝、丘玄清等俱是以僧、道

入仕，对此明代王世贞在其《弇山堂别集·卷十·异典述五》“文臣异途”一条中有详细记述。因此明代特别重视对“技艺”之士的录用，《明会典》就曾记录洪武二十六年的诏令：“凡天文地理医药卜筮师巫音乐等项艺术之人。礼部务要备知。以凭用。”

至于为何工匠群体中营造匠人独受青睐，先后有将近十人被提拔任工部尚书、侍郎一级的高官，这实际上是与明代的皇家营造经历密不可分的。分析上述匠官可以发现，他们主要是在永乐、嘉靖两朝被提拔的，而这两朝恰恰也是明代营造宫殿的高峰期。永乐四年到永乐十八年，明王朝大规模修建北京城池、宫殿、坛庙、陵寝和园囿，掀起了明代皇家营造的第一个高潮。明世宗朱厚熜更是以制礼作乐自任，意在开创一代新规，掀起了明代皇家营造的第二次高潮。他更定洪武坛壝制度，把天地合祀改为分祀，增建圜丘和皇穹宇，改建大享殿与斋宫；又分别于北郊、东郊、西郊建方泽坛、朝日坛、夕月坛。废太庙同堂异室之制，分立九庙，每庙一主。为其父立庙，称为“世庙”。建皇史宬、大高玄殿、钦安殿。重建奉天、华盖、谨身三殿。各项工程并时而兴。嘉靖十五年前号为简省，工程费用总计已达六七百万两，其后增至十数倍，常有工地二三十处，役工匠、军夫数万人，岁费银二三百万两，而天下财赋岁入太仓者仅二百万两有奇。（潘谷西，2001）[10]大规模的营建工程耗费了大量的人力、物力、财力，也要求提高营建技术、改进营建工具，更需要技术卓越、有丰富营造经验的匠人直接参与营建工程的管理。明沈德符（1959）[56]《万历野获编》有如下记载：

至末年土木繁兴，冬卿尤难称职。一切优游养高，及迟钝不趋事者，最所切齿，诛谴不逾时刻。最后赵文华为分宜义子，欧阳必进为分宜妻弟，特以贪戾与阘茸相继见逐，权臣毫不能庇。而雷丰城以勤敏，独为上所眷倚，即帝尧则哲之明，何以过之。终上之世，雷长冬曹，无事不倚办。即永寿宫再建，雷总其成，木匠徐杲，以一人拮据经营，操斤指示。闻其相度时，四顾筹算，俄顷即出，而斫材长短大小，不爽锱铢。上暂居玉熙，并不闻有斧凿声。不三月而新宫告成，上大喜。

这足可见营造匠人在营造过程中担任管理职务的重要性。明世宗甚至“添设尚书一人，专督大工”（张廷玉 等，1974）[1762]。因此，尽管有不少文人对这些匠官持有异议，“匠官”仍能得到庇护。《明世宗实录》有载：

嘉靖二十四年七月，初工部匠作官郭文英积功劳升至工部右侍郎，荫其子文思院副使，至是以庙工加恩再升俸级，因上疏辞俸乞升荫其子，得旨俸级不准辞，伊子准授序班鸿胪寺办事。于是给事中张元冲劾奏文英，徒以绳墨斧斤奔走冬官之府，既带俸窃衔叨恩荫叙，乃复冒渎改求，此于国体名器所关不小，宜明谕惩戒使知安分图报。疏入，上不悦，曰：名器不可不重，工役亦须得人。文英一人，何至遽坏体例耶？再论者罪之。

值得指出的是虽然优秀匠人担任营缮所丞已成制度，但入仕匠人的继续提拔却并没有什么固定的准则。《明英宗实录》记载：

> 正统十二年闰四月，升工部营缮所所副蒯祥、陆祥俱为工部主事。以蒯善攻木、陆善攻石，管匠修城有劳也。……顺天府带俸经历张忠亦自以修城有劳乞升官。上怒曰，升赏出自朝廷，岂臣下可干邪。命下狱鞫之，法司奏当赎杖还职。上曰：忠发身石匠，其罢官仍就原役。

从这则史料可以看出张忠出身石匠，且已经入仕，从其胆敢为自己“乞升官”来看，其修城的功劳应当不小，但因为自乞升赏，遂为英宗所恶。这也表明在当时应该没有匠官晋升的固定规则，否则张忠也就不会贸然自乞升官了。

（二）何以入仕

蒯祥、蔡信、徐杲、郭文英等营造匠人究竟有何过人之处，能在广大工匠中脱颖而出成为尚书、侍郎一级的高官？回答这个问题对于我们厘清匠艺与匠人生涯发展至关重要。《明实录》中对陆祥、杨青、蒯祥、蒯钢、蔡信、徐杲、郭文英等匠官的言行有所记载，笔者将所记载条目一一摘录，汇编成本书附录《〈明实录〉所载部分营造匠官史料集》，共四十九条。从所录条目来看可以得出以下结论。

第一，匠官的拔擢固然有君主恩宠的成分，但主要是依靠他们的营造成绩。《明实录》中记录最为详细的是陆祥、蒯祥与徐杲的事迹，从他们的事迹中我们可以发现他们的升迁与一个个工程密不可分。以徐杲为例，《明实录》从嘉靖十九年开始有其记录，从皇穹宇到太庙，到京师城外，到门工，到大玄都殿，到玉熙宫，到万寿宫，到皇极殿，实际上就是其一步步升迁的台阶。

第二，虽然蒯祥等人已官至尚书、侍郎一级，常理度之所辖之领域当很宽泛，但他们最主要的工作还是“内官监督工”。附录四十九条记载中涉及营造以外管理事务的只有三条，其中宣德元年三月蔡信所呈“浙江等都司及大同、宁夏、宣府诸卫军匠在京执役者乞皆取家室至京隶锦衣卫”的建议还被明宣宗斥为“彼以匠艺得官岂谙道理?”虽然在其他方面君主未见得信任这些匠官，但他们对这些匠官在营造领域的建树却是深信不疑的。蔡信虽然“前已奏求南京来宾楼一所，以居家人，今隐而不言，又请南京廊房十间，贪冒欺诈”，但仍为“姑宥之”。蒯祥三次“踰致仕之期”，但又三次复任。蒯钢虽被降，但当致仕却又被要求复职。凡此种种都显示出君主对匠官在营造方面的信任。

第三，这些营造匠官手艺一流。《明实录》称赞陆祥“有巧思，尝用石方寸许刻镂为方池，以献凡水中，所有鱼龙荇藻之类皆备，曲尽其巧”，即可一观，但君主更看重的是他们的建筑设计能力、工程管理能力和现场应变能力。这种记录《明实录》中不多，但其他史料却是有所呈现。蒯祥就有高超的设计能力，《吴县志》中有这样的记载：“凡殿阁楼榭，以至回廊曲宇，随手图之无不中上意者。每修缮，持尺准度，若不经意，既成不失毫厘，有蒯鲁班之称。”这里“随手图之无不中上意者”实际上说明了营造匠官在当时承担的建筑设计职责。蒯祥的施工现场管理能力也是一流。据《苏州府志》记载：“蒯祥，吴县香山木工也。能主大营缮。永乐十五年，建北京宫殿；正统中，重作三殿及文武诸司；天顺末，作裕陵，皆其营度。能以两手握笔画，双龙合之如一。每宫中有所修缮，中使导以入，祥略用尺准度，若不经意。既造成，以置原所不

差毫厘，指使群工，有违其教者辄不称旨。初授职营缮所丞，累官至工部左侍郎，食从一品俸，至宪宗时年八十余仍执技供奉，上每以蒯鲁班呼之。”这里“指使群工，有违其教者辄不称旨”，正是其工程管理能力的写照。《明实录》也有记载，说蒯祥“既老犹自执寻引指使工作不衰”。实际上工程管理能力的一大体现就是现场应变能力，在这点上蒯祥也称一流。《香山小志》有载：

> 时缅甸贡巨木，诏为殿阈，据工不慎，误截，短尺许，惊奔告祥，祥命锯工更短尺许，众愕视不解。以为此木缅贡，瑰异之材，向短尺许，自分不能齑粉其身以赎罪，况可再短耶？祥命就两端雕琢龙首，嵌以大珠颗，用活榫装卸，尺寸适符，相传今之所谓金刚餟门限者，即其遗制。（徐鸣时 等，2020）[300]

徐杲的营造匠艺也非常出众，《万历野获编》中记录其三月建成永寿宫，而上不闻斧凿之声，足可见一斑。徐杲是怎样使人不闻斧凿声的？《增修甘泉县志》补齐了这则故事：

> 徐杲以木匠起家，官至大司空，其巧侔前代，而不动声色。常为内殿易一栋，审视良久，于外另作一栋，至日断旧易新，分毫不差，都不闻斧凿声也。

相较于蒯祥，徐杲则更有几分神秘色彩，《罪惟录·艺术列传》“蒯祥、徐杲”条曾载：

> 徐杲，嘉靖中工部匠籍也。为匠作，惰匠事，工师逐之，逃之野。遇道人，问所由，曰子可教。语之曰：能作一室九十九柱乎？杲竚思弥日不能得。因教杲结构法，曰：作此足汝终身矣。嘉靖末年，三殿灾，上欲用九十九柱以符阳数，杲应诏。即以道士所授，殿成，官工部尚书，支正一品俸。录其一子锦衣卫指挥佥事，四十四年洪应殿成，杲乞其子文灿世袭，许之。

当然，传说不足信，但营造匠人对术数的掌握却能从中窥见一斑，明世宗崇信道教和崇尚修仙之术众所周知，他对徐杲如此信任，谁能说徐杲就不是此中好手呢？

（三）入仕何为

明代如此多的营造匠人入仕为官，且官至尚书、侍郎这样的品级，那是否可以说营造匠人或工匠群体的地位就上升了呢？也不尽然，一个群体的社会地位主要来自其他群体尤其是在整个社会中占主导地位的群体对他们的认可，在传统中国这个占主导地位的群体就是士大夫群体。但从《明实录》的记载来看，尽管蒯祥、徐杲等人已身居高位，封妻荫子，但士大夫群体对他们始终是抱有戒惧之心的。

士大夫群体始终认为匠官群体属于异类。从《明实录》的记载来看，士大夫群体曾数次质疑匠官群体的合法性。天顺元年云南道御史沈性就曾上奏："景泰年间郕府旧僚及匠作庸流皆擢美官，乞裁省之下。"这一奏疏的直接结果就是蒯祥、陆祥从工部右侍郎被降为太仆寺少卿。成化二十三年，匠官第二次被大面积降职，工部右侍郎蒯钢被降职为顺天府

治中，更有甚者就在不久之前甚至发生了匠官降俸的情况，虽然经“七百余人赍缘乞得全给”，最后援例复之，但匠官的艰辛却也可见一斑。嘉靖二十四年，给事中张元冲劾奏郭文英，理由只是“徒以绳墨斧斤奔走冬官之府，……此于国体名器所关不小”。而明世宗仆逝，徐杲就被参劾，郭文英的“赠谥诰命及仆其谕祭等碑”也被追夺，原因只是“以匠役官正卿，……滥名器、坏政体”。以上种种仅是当时之语，从后世来看，情况也并无多大改观。无论是前文所引明人王世贞的《弇山堂别集》引述匠人入仕的“文臣异途”条，还是清人褚人获《坚瓠集》的“明初异擢”条，一个“异”字实际上已经表达了文人们对入仕匠人的看法。对于陆祥，《明实录》给予了很高的评价，但一句“然为人颇谨愿，士夫不以其出自杂流而弃之”让人不胜唏嘘。事实上，这些“杂流”在后来确实为“士夫”所弃了，这种抛弃并非仅指徐杲以后匠人群体中再未出现高官，而是指由“士夫”所编撰的正史对这些匠官几乎不着一墨。翻遍《明史》，匠官被提及的只有一人一处。《明史·辛自修传》提到郭文英，但充满了贬低之意：

> 隆庆元年，给事中胡应嘉言事斥，自修疏救。未几，论夺尚书顾可学、徐可成，侍郎朱隆禧、郭文英赠谥；以可成由黄冠，文英由工匠，可学、隆禧俱以方药进也。（张廷玉　等，1974）[5798–5799]

晚清俞樾在其《春在堂诗编·宣德炉第二歌》曾有如下歌句：

> 呜呼，青史传人本不多，惟凭表志为搜罗，年深代远事繁赜，掎

摭往往遗羲娥，前明嘉靖时，官观大兴造，扬州有木工，姓徐名则杲，历官工部至尚书，何尝载入七卿表，徒凭史表为有无，窃恐湮埋人不少，明朝祖制遵高皇，杂流亦得登岩廊，吴县木工有蒯祥，凡所营建咸精良，历事永乐至成化，累官工部左侍郎，及观王元美所记，又有蒯义与蒯钢，并以木工官工部，一为左堂一右堂，若郭文英若蔡信，两人亦以木工进，皆居工部侍郎官，可见杂途流品盛。

可见到了清末已罕有人知道徐杲、蒯祥了，事实上传说是道家出身的徐杲想必是知道这种结局的，不然他又为何一再乞求明世宗让其子徐文灿不袭匠官，却要袭锦衣卫指挥佥事呢？

（四）样式雷与清代匠官

清代，虽然营造匠人们不再如明代那样能担任尚书、侍郎一级的官员，但基层营造官员由匠人担任的传统还是被传承下来了。清代最著名的营造匠官非样式雷家族莫属。清代营造向有工部与内府之别，凡大内各宫殿、离宫、苑囿、陵寝按例属内务府营造司掌管，外工由工部营缮司掌管。乾隆年间又在内务府营造司下设样式房、销算房负责设计图纸、制作烫样及估工算料、核实经费等项工作（明代皇家的销算工作由宦官充任）。清初出现了一位匠师高手，即雷发达。雷发达，字明所，生于明万历四十七年，原籍江西建昌，后迁居南京。清初应募来北京供役内廷，掌管皇室建筑的设计工作至康熙三十二年逝世。其长子雷金玉继承父业，任营造所长班，后又投内务府包衣旗，任圆明园楠木作样式房掌案。其孙雷声澂续任职样式房，其后子孙家玮、家玺、家瑞、景修、思起、廷

昌等六代皆供职样式房，任掌案职务，历二百余年。雷氏曾负责过大内宫殿、三海（北海、中海、南海）、圆明园、颐和园、静宜园、静明园、热河避暑山庄、南苑、清东陵、清西陵等重要工程。可以说清代宫廷大工皆出雷氏之手，由于雷氏一族常年担任样式房掌案一职，故同行称这一家族为样式雷（杨永生，2005）[182–187]。本部分着力剖析在清代的皇家营造过程中样式雷家族究竟扮演着怎样的角色，进而试图厘清这样的角色对样式雷家族的营造匠艺提出了怎样的要求，样式雷家族又是怎样凭借匠艺保持其对样式房掌案职务的垄断。

如前文所述，清初匠籍制度正式瓦解，在前代主要由匠户承担的官方营造工作开始依靠市场化的民间招募方式来完成，加之上文所述的样房与算房的分流，所以清代的官方营造、皇家营造呈现出了一种样、算、造三者既相对独立又相互配合的局面。实际上清代民间造、算分流也很寻常，梁思成编撰的《营造算例》实际上就是根据诸多民间算例抄本汇编而成的，在其收集的一本《瓦作做法》的序言中清代算房师傅的形象跃然纸上：

> 孟子曰："离娄之明，公输子之巧，不以规矩，不能成方圆，"虽神而明之，犹不过于度量之间，我辈何人，岂可不遵绳尺乎？余幼时读书未就，为口腹之迫，遂受业于营修之门；毫不曾执斧刃以施威，尤未尝动刀凿以用事，稍习长短宽狭薄厚高低而已。（梁思成，2006）[127]

清代许多算房师傅"毫不曾执斧刃以施威，尤未尝动刀凿以用事"，是不会营造手艺的。当然皇家的算房师傅另当别论。他们往往是世代相传的营造匠人家族，著名的有算房刘、算房梁、算房高等（孙大章，2009）[427]。根据兴隆木厂后人马旭初的回忆，作为北京城承接皇家园林工程的“八大柜”之首，传承了600年的兴隆木厂不仅承担着宫廷营造工程木料的采买，也承担着建筑建造的工作（王春元，2013）[17–18]。而在具体的营造过程中样式雷负责设计、制作烫样，马家则主要负责施工，相互配合，延续数代（王春元，2013）[34–35]。所谓烫样，指的是一种由草板纸热压制成的建筑模型。雷氏烫样做工极细，皆涂饰色彩，台基、瓦顶、柱枋、门窗、花罩，以及床榻桌椅，无不具备，有的甚至做成可拆卸的活动模型。国家图书馆所藏《样式雷书信》反映出当时样、算、造分工的局面，如图3–3所示。

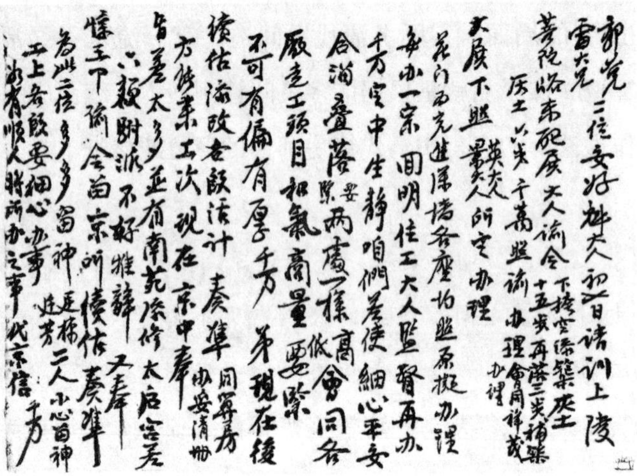

图3–3　与雷大兄、郭大兄书信①

图3–3是写给雷大兄、郭大兄之书信，从后文“廷栋、廷芳二人小

① 中国国家图书馆藏，馆藏号为142–0040。

心留神”来看，此处的雷大兄应为当时的样式房掌案雷廷昌，根据《样式雷族谱》，雷廷芳之父雷思泰是雷廷昌父亲雷思起的胞弟，而雷廷栋之祖雷广修则是雷廷昌祖父雷景修的胞兄（易晴 等，2015）[180]。信中有“进深墙各座，均照原拟办理，每办一宗回明住工大人、监督再办。……会同各厂走工头目和气商量要紧，不可有偏有厚千万。弟现在后续估添改各段活计，奏准（同算房办妥清册）方能来工次”，表现出当时皇家营造局面。

样式房主要负责营造的设计，当时的设计方式已比较多样，图 3-4 是一封催促雷廷昌办画样的信：

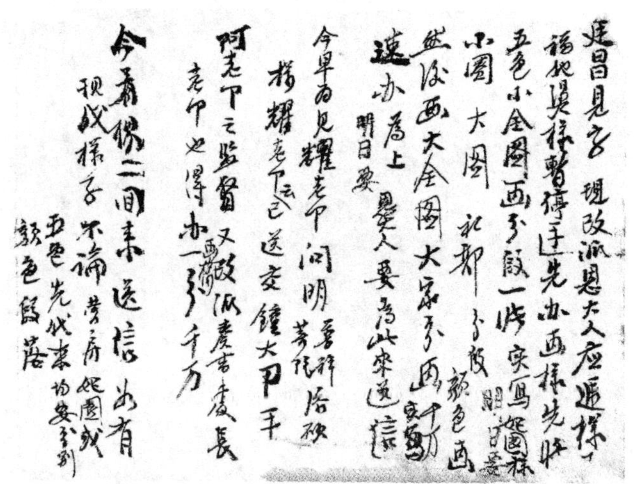

图 3-4　致雷廷昌信[①]

从信中来看，当时样式房的设计包括烫样、画样，画样又分为五色小全图、大全图等。图 3-5 至图 3-9 是样式雷的一些设计图样、烫样。

这些图比图 1-1、图 1-2 精致不少，但从其本质来说却与图 1-1、图

① 中国国家图书馆藏，馆藏号为 060-0020。

图 3-5 圆明园“廓然大公”烫样（郭黛姮 等，2010）[431]

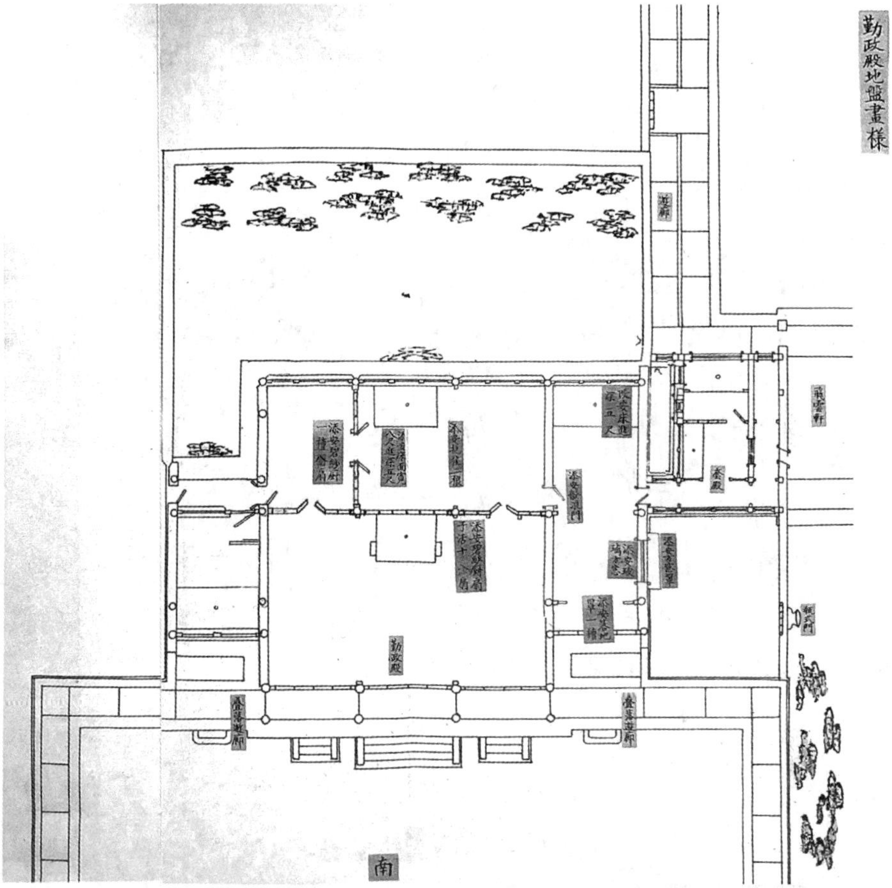

图 3-6　圆明园绮春园河道泊岸总平面图（郭黛姮 等，2010）[151]

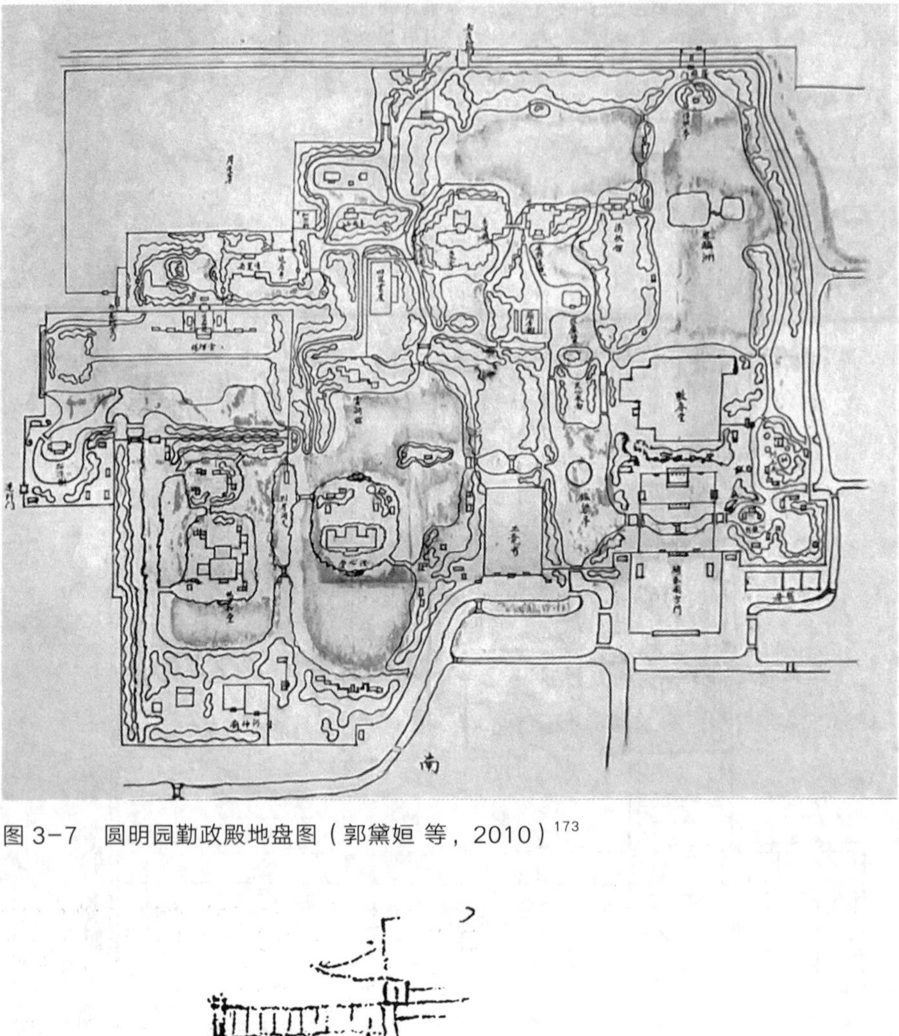

图 3-7　圆明园勤政殿地盘图（郭黛姮 等，2010）[173]

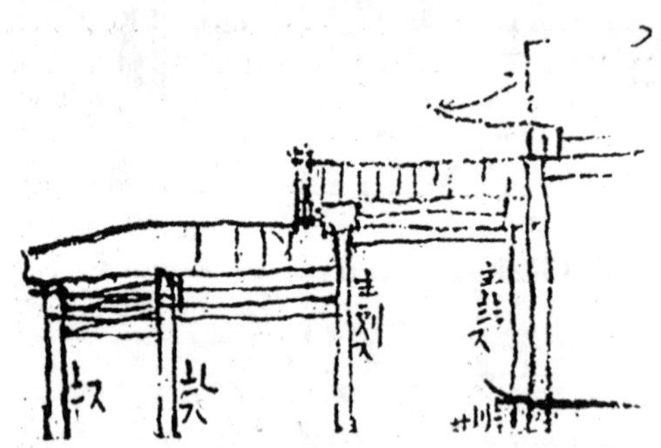

图 3-8　圆明园勤政殿立面大样（郭黛姮 等，2010）[175]

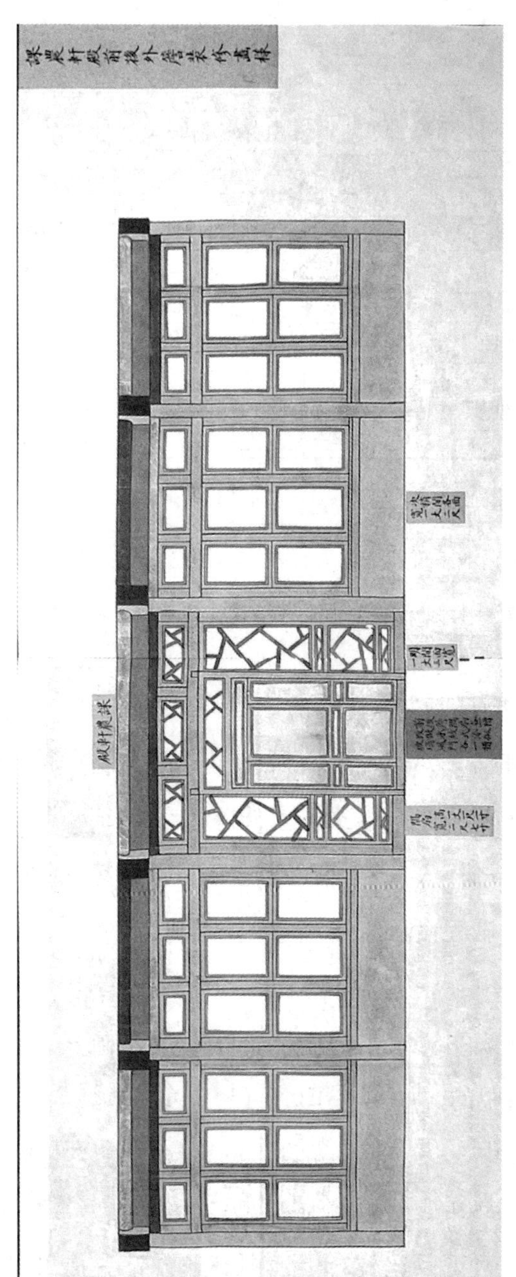

图 3–9　圆明园课农轩殿前后外檐装修画样（郭黛姮 等，2010）[397]

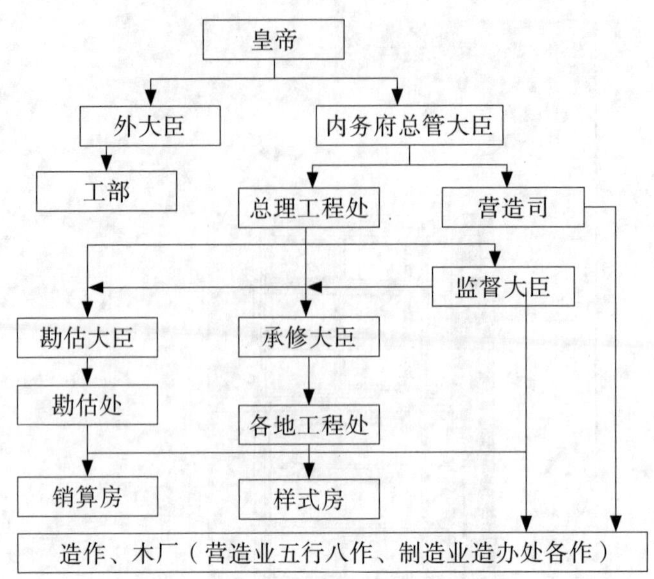

图 3-10　清代皇家营造体系“内工”工官结构（张宝章 等，2003）[326]

1–2 别无二致，主要是揽主呈样用的。尽管样式雷主要负责的是设计，但在工程现场也有其活计，这在上文所引《与雷大兄、郭大兄书信》中即可看出。根据刘畅的研究，样式雷家族除了勘察、设计、勘估等设计工作外，还要以帮办画样人的身份，到施工现场负责对照烫样、图样解释设计、协调设计与工程做法（张宝章 等，2003）[323]。这也意味着样式雷手艺的精湛。

刘畅的研究还表明样式雷的设计实际上是处在一个庞大的清代皇家建筑设计参与体系中的，如图 3–10 所示。

在这样的体系中，一方面皇家设计的秩序性得以体现，“有利于皇家宫室格局规制的定型和形制的继承”；另一方面，开放性也能得到保证，处于上游位置的人员可以比较自由地向专业设计者提出想法甚至下达画

样，作为原则或范例；而下游的专业设计人员工作的成就或差错均影响上游的官员，……底层技术部门不同层次设计的分工实现了建筑工艺与相关设计的融合。于是，人员的流动、人员间的交流、同行业中的竞争便由此自然达成，建筑空间的处理手法、器物的装饰工艺也得以顺理成章地融入建筑的设计和施工当中（张宝章 等，2003）[328-329]。而处于同行业竞争中的样式雷能代代胜出的原因除了家族工艺之外，更重要的是家族的营造体系。这个体系保证了样式雷不是孤立地造一座房子或者建一个亭子，而是有大环境的规划，比如说园林包括皇帝的陵寝，有整体的布局和规划。样式雷是有一套体系的，也就是过去所谓的风水、选地，选风水和造风水（王春元，2013）[56]。

需要指出的是，雷氏家族并非完全垄断了样式房，在道光年间，雷氏家族就失去“掌案”一职二十余年。《雷景修墓碑》有这样的记载：

> 公年始十六，即在圆明园样式房学习世传差务，奋力勤勉，不耐劳瘁。忽于道光乙酉年正月十五日，公之先考仙游。谨遵遗言，差务慎重，惟恐办理失当。因公年幼，事出万难，随将掌案名目移于他人承办，公仍竭尽心力，不分朝夕，兢兢业业二十余载，辛苦备尝。复于道光己酉年，旋将世传掌总差事正回。足见公志高远大，移而不遗，光宗耀祖，启裕子孙，皆公之德也。（易晴 等，2015）[277]

可见，“匠艺”的成与不成是关键。那么其后样式雷家族又是怎样保持其地位的？实际上还是通过对匠艺的垄断，据样式雷后人雷宝章所述：正是从雷景修起，为了在激烈的竞争中传承手艺，雷家开始吸取经验，把祖上有关的建筑图纸都保存起来。雷景修专门辟出三间房子，把祖传的和自己工作中保留下来的设计图样，包括各个阶段的草图、正式图、烫样模型等收存起来。（王春元，2013）[53] 正是凭借这样的心机与坚守，雷氏一族在清代的营造匠人群体中鹤立鸡群。从其族谱来看，雷氏一族中仅诰封荣禄大夫的就有家玺、广修、思起三人，而受其他封赏的人更是不计其数。

通过本章所述，我们可以得出以下结论。

第一，从民间到官府，甚至到皇家，近世以来营造匠人有广阔而纵深的职业生涯图景。这个世界给了营造匠人足够的向上流动的空间，使营造匠人谨守其中、安身立命。

第二，营造匠人向上的流动与其对匠艺的掌握息息相关，营造匠人每一个层级的向上流动与匠艺之间都有紧密的关系。但有两点值得注意：其一，在传统营造世界里手艺与匠艺之间不存在断裂，哪怕是环境规划技艺也与匠人的手艺有着千丝万缕的联系，可以说手艺是营造匠人之本。其二，匠艺系统越往上与士大夫话语体系越相关，从表面上看和手艺的特征渐行渐远，术数、典章知识实际上是为士大夫所掌控的，但这并不意味着匠人就对其听之任之，上文所谓清代皇家设计体系的开放性和样式雷的案例表明营造匠人是能有效参与其中、发表意见的。

第三，明代营造匠人担任尚书、侍郎一级的高官属于历史特例，这与明代前中期的政治形势有着莫大的关系。虽然这没有从实质上改变匠人们的社会地位，匠人们依旧未能入文人的“法眼”，但从另外一个角度看，士大夫对匠人们的不断攻击正说明那个时期匠人的活跃已经对文人士大夫的地位造成了威胁。从这点来说，匠人的整体社会地位确实得到了提升，虽然这种局面只维持了一百五十余年。

第四章

匠艺世界的进入路径：明清之际与文艺复兴

前文的论述所呈现的中国传统营造图景似乎从操作面来看是为匠人所控，而从理念面来看却又为礼制、术数所制，而文人群体对营造始终抱持着一种疏离的立场。从历史整体来看，中国文人对营造的知识性和理论性参与的热情是不足的，但这并不意味着文人与营造的绝缘。在明穆宗清除匠官势力到清代样式雷家族兴起之间，在中国的南方，以文震亨、计成、李渔为代表的文人悄悄进入了营造领域。就类似于中国画在这个时期南北分宗，南宗开始成为其后中国画发展的主流，这些文人对营造的参与也在一隅深刻地改变着中国营造的取向。与此同时，在欧洲，知识分子也开始进入建筑领域，一举奠定了现代西方建筑发展的基础。同样的参与，不同的路径，对匠人产生了不同的影响。

一、《长物志》与《园冶》：近世文人对营造的参与

近世文人对营造的知识性、理论性参与主要体现为三部著作——文震亨的《长物志》、计成的《园冶》与李渔的《闲情偶寄》，其中前两部着力尤

深。本节以《长物志》与《园冶》为切入点，探讨近世文人对营造的参与。

文震亨，《长物志》作者，根据明末清初人顾苓所撰《武英殿中书舍人致仕文公行状》，文震亨系“明四家”之一、声名赫赫的文徵明曾孙，国子监博士文彭之孙，卫辉府同知文元发之子，其兄为文震孟，后官至礼部尚书、东阁大学士。文震亨出身于典型的文人家族，“少而颖异，生长名门，翰墨风流，奔走天下。辛酉（公元一六二一年）以诸生卒业南雍，流寓白下”（文震亨 等，1984）[425]。可见其从小接受了典型的文人教育。但其志向则与其兄迥异：“明年文肃公廷对第一，遂慨然称王无功语云：‘人间名教，有兄尸之矣。’天启甲子（公元一六二四年），试秋闱不利，即弃科举，清言作达，选声伎、调丝竹，日游佳山水间。”（文震亨 等，1984）[425] 文氏一族醉心于园林营造世所共知，文震亨也有相关经历，“曾于西郊构碧浪园，南都置水嬉堂……。致仕归，于东郊水边林下，经营竹篱茅舍”（文震亨 等，1984）[426]。

计成，《园冶》作者，字无否，号否道人，生于明万历十年，卒年不详。计氏原本是吴江大姓，在明清之际出过不少文人名士。依据资料推断，计成青少年时代家境尚可，受到良好的教育。在《园冶·自序》中，计成说自己“不佞少以绘名，性好搜奇。最喜关仝、荆浩笔意，每宗之”（计成 等，1988）[42]，由此可见计成的绘画功力。与文震亨相较，计成有明确的参加营造活动的证据，在《园冶·自叙》中计成详细介绍了自己参与兴建吴玄宅邸园林的过程，还说“别有小筑，片山斗室，予胸中所蕴奇，亦觉发抒略尽，益复自喜”（计成 等，1988）[42]。需要指出的是，《长物志》与《园冶》并非专门的建筑营造论著。《长物志》的命名来自《世说新语》，含有身外余物之意。关于该书的撰写目的，文震亨曾自叙：“吾正惧吴人

心手日变，如子所云，小小闲事长物，将来有滥觞而不可知者，聊以是编堤防之。”从其自叙来看，文震亨要记录的是文人雅士的“闲事长物”，故《长物志》共十二卷，“室庐”仅为其中一卷。而《园冶》作为世界上最古老的造园学著作（石荣，2013）[94]，其目标对象在“园”而非仅“屋”。

（一）对人的观照：《长物志》与《园冶》的建筑观

汉宝德认为《营造法式》本质上是一部建筑手册式的著作，“是经验累积与整理的结果。在失掉了精神的鼓舞与推动的时候，就产生技法的则例，使建筑完全形式化，进而僵化”（汉宝德，2008）[208]。这里所谓的“精神”指的是营造过程中建造者对建筑功能的追问、探寻以及坚持。对于建筑来说，形式固然有其意义，但更多情况下形式应当以功能为核心，围绕功能而展开。当然不同时代、不同群体对功能的理解与诠释可能不同，但以功能统率形式是其中根本。《营造法式》虽然巨细靡遗地介绍了建筑整体与构件的尺寸、式样，甚至是施工技巧，但缺少了对功能本身的追问。即便如前所述，李诫试图以《营造法式》来“明礼”，“礼”是其中的核心，但形式是不是就是“礼”的体现，仍然不得而知。但从《长物志·室庐》和《园冶》来看，虽然其撰写体例与《营造法式》有些相似，但对于建筑功能的探讨已经隐含其中了。如《长物志·室庐》中有对于“丈室”的介绍：

> 丈室宜隆冬寒夜，略仿北地暖房之制，中可置卧榻及禅椅之属。前庭须广，以承日色，留西窗以受斜阳，不必开北牖也。（文震亨等，1984）[29]

丈室即“小室、斗室”，主要用于文人冥想、休憩，在中国古代一度流行，是文人常栖之地。中国南方冬天阴冷，因此如何在冬夜有效御寒就成为丈室必须考虑的功能。文震亨在这里提供了三种方法：第一，房前庭院尽量宽广，目的是“承日色”，使得丈室日照充足；第二，留西窗，使得丈室能够在下午仍然有日照；第三，不开北窗，既然已经有南窗、西窗，那么出于室内保温的考虑，北窗也就可以不必开了。要知道，在中国古代坐北朝南是房屋的一般样式，窗户南北对开更是惯例，但在这里为了照顾房屋保暖御寒的功能，文震亨采取了这种别样的设计方法，其形式围绕功能的意图不言自明。更有趣的是文震亨对浴室的介绍：

> 前后二室，以墙隔之，前砌铁锅，后燃薪以俟；更须密室，不为风寒所侵。近墙凿井，具辘轳，为窍引水以入。后为沟，引水以出。澡具巾帨，咸具其中。（文震亨 等，1984）[33]

这种“浴室”大概可以算是文震亨的“发明”，在这段叙述中浴室朝向、形制已不重要，重要的是其保暖以及便利上下水的功能。遍观《长物志·室庐》，可以发现文震亨最关心的是如何在建筑中实现文人舒适、雅致的生活，所有的阐述都由此展开。如前文所述，在传统中国，房屋的朝向、形制不仅为礼法所规定，更牵扯到堪舆术数，但在文震亨的笔下，看不到礼法的牵绊、术数的纠缠，只有对理想文人生活的追求与向往。《园冶》也同样如此，在《园冶·立基》中有“楼阁基”一节：

> 楼阁之基，依次序定在厅堂之后，何不立半山半水之间，有二

层三层之说，下望上是楼，山半拟为平屋，更上一层，可穷千里目也。（计成 等，1988）[74]

在计成的笔下，立楼阁之基首先需要考量的不是制式，而是文人的审美体验：立在半山半水之间，原本两层的楼阁就能给人三层楼阁的感受；从下面向上看是二层楼房，但从半山后面进去就会像一层平房；而当登顶之后更会有“欲穷千里目，更上一层楼”的感受，这是一种多么奇幻的感觉。实际上幻境是计成造屋学说的一个重点，在中国传统建筑体系中厅堂有重要的地位，但在《园冶》中为了达成幻境这种审美体验，厅堂之制也是可以改的：

厅堂立基，古以五间三间为率；须量地广窄，四间亦可，四间半亦可，再不能展舒，三间半亦可。深奥曲折，通前达后，全在斯半间中，生出幻境也。凡立园林，必当如式。（计成 等，1988）[73]

为了达成“幻境”，竟可允许在厅堂中出现“半间”，而且还明确指出“全在斯半间中，生出幻境也”，全然不顾“厅堂立基，古以五间三间为率”的古制。在中国传统建筑中贴式决定了房屋的架构，但计成为了审美，再次对房屋架构成规进行挑战，在《园冶》中提到一种“七架酱架式”的贴式，这种贴式可以看作普通“七架式”贴式的变种，而进行这样改变的原因居然是为了文人挂画的方便：

不用脊柱，便于挂画，或朝南北，屋傍可朝东西之法。（计成 等，

1988）[102]

这种审美要求在《长物志》中也有反映：

> 楼阁，作房闼者，须回环窈窕；供登眺者，须轩敞宏丽；藏书画者，须爽垲高深；此其大略也。楼作四面窗者，前楹用窗，后及两旁用板。阁作方样者，四面一式。楼前忌有露台卷蓬，楼板忌用砖铺。盖既名楼阁，必有定式，若复铺砖，与平屋何异？高阁作三层者最俗。楼下柱稍高，上可设平顶。（文震亨 等，1984）[34]

在这里，文震亨提出了楼阁营造的一些禁忌。需要注意的是，这种禁忌并非术数意义上的禁忌，而是人的一种审美体验："楼前忌有露台卷蓬"主要是因为露台会遮蔽楼上人的视线，影响人的体验；"楼板忌用砖铺"则纯粹是因为"若复铺砖，与平屋何异？"高阁不能作三层，只是为了免俗。舒适也好，审美也罢，实际上都是人的体验。当然不能据此就说在《长物志》和《园冶》之前，建筑就不考虑人的体验，但是将这种观念以著作的方式呈现出来，计成和文震亨仍然是有开创之功的。

（二）对匠的反动：《长物志》与《园冶》的营造观

当人成为建筑的首要观照对象之后，原先以程式为经纬的建筑营造方式势必成为实现这种人本建筑最大的障碍，而作为程式主要执行者的匠人就成为计成、文震亨们的批判对象。计成在《园冶》第一篇"兴造论"中就展开了对匠人的攻击：

> 世之兴造，专主鸠匠，独不闻三分匠、七分主人之谚乎？非主人也，能主之人也。古公输巧，陆云精艺，其人岂执斧斤者哉？若匠惟雕镂是巧，排架是精，一梁一柱，定不可移，俗以“无窍之人”呼之，甚确也。故凡造作，必先相地立基，然后定其间进，量其广狭，随曲合方，是在主者，能妙于得体合宜，未可拘率。假如基地偏缺，邻嵌何必欲求其齐，其屋架何必拘三、五间，为进多少？半间一广，自然雅称，斯所谓“主人之七分”也。……园林巧于“因”、“借”，精在“体”、“宜”，愈非匠作可为，亦非主人所能自主者，须求得人，当要节用。“因”者：随基势之高下，体形之端正，碍木删桠，泉流石注，互相借资；宜亭斯亭，宜榭斯榭，不妨偏径，顿置婉转，斯谓“精而合宜”者也。“借”者：园虽别内外，得景则无拘远近，晴峦耸秀，绀宇凌空，极目所至，俗则屏之，嘉则收之，不分町畽，尽为烟景，斯所谓“巧而得体”者也。体、宜、因、借，匪得其人，兼之惜费，则前工并弃，既有后起之输、云，何传于世？予亦恐浸失其源，聊绘式于后，为好事者公焉。（计成 等，1988）[47-48]

在计成看来评判建筑优劣最重要的是“得体合宜”，为了实现这一目标，一切的“拘率”就需要被摒弃。在计成眼中造成这种“拘率”的就是匠，因为这些人“惟雕镂是巧，排架是精，一梁一柱，定不可移”。计成甚至把这些人称为“无窍之人”。然后他做出了“世之兴造，专主鸠匠”是不可取的论断。需要指出的是，计成并非批判匠人的技艺不精，恰恰相反，在他看来技艺越是高超的匠人，越有可能不懂变通。初看起来，计成是在批判匠人这个群体，但细细思量，他所批判的实际上是从《营造法式》开始（甚至更早）的程式化营造方式，因为在那种营造方式中，“体”和“宜”是不被考量的。文震亨不似计成那般咄咄逼人，但其主张也很鲜明：

> 居山水间者为上，村居次之，郊居又次之。吾侪纵不能栖岩止谷，追绮园之踪，而混迹廛市，要须门庭雅洁，室庐清靓，亭台具旷士之怀，斋阁有幽人之致。又当种佳木怪箨，陈金石图书，令居之者忘老，寓之者忘归，游之者忘倦。蕴隆则飒然而寒，凛冽则煦然而燠。若徒侈土木，尚丹垩，真同桎梏樊槛而已。（文震亨 等，1984）[18]

从以上引文中不难看出在文震亨眼中营造的鹄的在于“令居之者忘老，寓之者忘归，游之者忘倦”，如果忘却了这个根本，营造方式就是“徒侈土木，尚丹垩”。显然程式化的营造方式是不会顾及上述这个根本的，在文震亨看来，在这种营造方式下出现的建筑“真同桎梏樊槛而已”。在这一点上文震亨与计成是有充分共识的。

那么如何避免这种情况的出现，使得建筑能够“得体合宜，未可拘率”？文震亨没有谈，计成给出了他的答案。在其看来营造要按照“三分匠、七分主人”的方式开展，即匠人要在主人的指挥下工作，而主人必须具备“相地立基，然后定其间进，量其广狭，随曲合方”的技能。而这仅仅是造屋，如果是造园，对主人的要求就更高，“第园筑之主，犹须什九，而用匠什一”，因为“园林巧于、‘因’、‘借’，精在‘体’、‘宜’，

愈非匠作可为”。实际上计成所提的主人并非房屋、园林的业主（显然一般业主是不可能具备这种能力的），而是能主之人，即具备营造主导能力的人。计成在这里并没有说明这样的人是谁，只是反复说“须求得人”，“体、宜、因、借，匪得其人，兼之惜费，则前工并弃”。按其所述判断，这个人难道不就是计成本人吗？这绝非计成自夸之语，实际上计成更希望打破中国传统营造模式中的“业主－匠师”二元结构，而将类似于自己的角色嵌入其中。他并没有给这样的角色起一个恰如其分的名字，但这不就是西方意义上的建筑师吗？从计成的经历上看，他也完全符合建筑师的特征。首先他是文人而非匠人，阮大铖为《园冶》所作的《冶叙》中有这样的话：“无否人最质直，臆绝灵奇，侬气客习，对之而尽。所为诗画，甚如其人。”（计成　等，1988）[32] 从这段话来看，计成即便在后来亦未脱文人本色。其次从阮大铖的《冶叙》、曹履吉的《题词》和其《自序》来看，他至少主持过吴玄东第园、汪士衡寤园的建设，且从“遂播闻于远近，适晋陵方伯吴又于，公闻而招之”（计成　等，1988）[42] 一句来看，计成应当是经常受命营建园林的。从这个意义上讲，计成可以说是中国历史上第一个有自觉身份意识的建筑师。计成以“兴造论”作为《园冶》起首，直指营造模式这一前置问题可谓切中要害。需要指出的是，从《长物志》和《园冶》的文本来看，文震亨与计成都是深谙匠艺之道的。从计成来看，无论是其所列举的各种式样及其营造技巧还是类似“七架酱架式”这样的“发明”，都需要对匠艺有高明掌握和深度认知。文震亨在“室庐”中有一节专说厅堂的形制：

堂之制，宜宏敞精丽，前后须层轩广庭，廊庑俱可容一席，四

壁用细砖砌者佳，不则竟用粉壁。梁用球门，高广相称。层阶俱以文石为之，小堂可不设窗槛。（文震亨等，1984）[27]

从此节来看，诸如“廊庑俱可容一席”“小堂可不设窗槛”等细节，非有深厚的匠艺经验而不可知。

（三）援匠入文：文人参与匠艺的实质

文震亨与计成等文人进入匠艺世界有着怎样的动机？要回答这个问题，还需要回到《园冶》与《长物志》的文本之中。

如前所述，《园冶》与《长物志》不约而同地将人的体验，尤其是人的审美体验作为营造的依归，但这种体验如何实现？以《园冶·屋宇》总论部分为例：

凡家宅住房，五间三间，循次第而造；惟园林书屋，一室半室，按时景为精。方向随宜，鸠工合见；家居必论，野筑惟因。虽厅堂俱一般，近台榭有别致。前添敞卷，后进余轩。必用重椽，须支草架。高低依制，左右分为。当檐最碍两厢，庭除恐窄；落步但加重庑，阶砌犹深。升拱不让雕鸾，门枕胡为镂鼓。时遵雅朴，古摘端方。画彩虽佳，木色加之青绿；雕镂易俗，花空嵌以仙禽。长廊一带回旋，在竖柱之初，妙于变幻；小屋数椽委曲，究安门之当，理及精微。奇亭巧榭，构分红紫之丛；层阁重楼，迥出云霄之上。隐现无穷之态，招摇不尽之春。槛外行云，镜中流水，洗山色之不去，送鹤声之自来。境仿瀛壶，天然图画，意尽林泉之癖，乐余园圃之

间。一鉴能为，千秋不朽。堂占太史，亭问草玄，非及云艺之台楼，且操般门之斤斧。探奇合志，常套俱裁。（计成 等，1988）[79]

这里所谈的是屋宇的营造法门，从其行文来看，计成的文人本色凸显无疑。“探奇合志，常套俱裁”是屋宇营造的“精神”，计成认为要达成此“精神”，需要从各方面入手，如“长廊一带回旋”“小屋数椽委曲”等都是“裁常套”的路径。但回旋多少、委曲几何，却是语焉不详。前文有述，在计成的营造理论体系中“得体合宜”至关重要。“凡家宅住房，五间三间，循次第而造；惟园林书屋，一室半室，按时景为精”（计成 等，1988）[79]一句，可以说是“得体合宜”论的重要诠释，但什么“次第”，“时景”又是如何，却也是云山雾罩。如果说此节是总论，可能未深入细节，那么再来看看他笔下的细节部分。磨角是中国传统建筑中的常见结构，所谓磨角是“亭阁之屋角折转而上翘，即今日通称的翘角及翼角”：

磨角，如殿阁猎角也。阁四敞及诸亭决用。如亭之三角至八角，各有磨法，尽不能式，是自得一番机构。如厅堂前添廊，亦可磨角，当量宜。（计成 等，1988）[97]

在计成看来，磨角之法须“自得一番机构”“当量宜”，但如何“机构”，怎样“量宜”，却又是没有言明。与《营造法式》迥然不同，《园冶》全书极少提到建筑整体与结构的式样、尺寸。

建筑毕竟是形式的艺术、现实的艺术，诚如汉宝德（2014）[34]所言：

“建筑上之诗情画意（Pictorisque，Scenographic）必须是实质的，呈现在视觉中，产生视觉的心理反应，绝不能是虚幻的，呈现在幻觉中。”当没有具体的式样加以呈现，没有准确的数字予以支撑，建筑就只能留存于观念之中，而无法落实。计成与文震亨的营造精神与境界自不待言，但究竟该如何落实，恐怕仅看其著作是无法获知的。

> 画树木各有分别。如画《潇湘图》意在荒远灭没，即不当作大树，及近景丛木如园亭景，可作杨柳、梧竹及古桧、青松。若以园亭树木移之山居，便不称矣。若重山复嶂，树木又别。当直枝直干，多用攒点，彼此相藉，望之模糊郁葱，似入林有猿啼虎嗥者乃称。至如春夏秋冬，风晴雨雪，又不在言也。（潘运告，2002）[122]

上文是明代画家莫是龙所著画论《画说》中有关画树的一段论述，将此文与《园冶》进行比较，可以发现两者在行文风格上的相似。从这个角度来说，计成写下的哪是什么营造论著，分明写的就是一部典型的文人画论，只是在其笔下，笔墨纸砚换作了木石砖瓦。中国古代测量技术、作图技术虽不如西方发达，但从《营造法式》开始也形成了一整套的营造叙述模式，可是这套模式《园冶》却弃之不用。有学者统计，《园冶》一书涉及的典籍多达20余部，其中既有儒家经典，如《诗经》《尚书》《周易》《论语》《孟子》等；又涉及史籍，如《史记》《左传》《汉书》《后汉书》《晋书》《南史》等；还涉及诸子书，如《墨子》《庄子》等，以及其他领域的典籍，诸如《文选》《释名》《说文解字》《世说新语》《大唐新语》《说苑》等，可谓旁征博引。在仅有18000字的著作中，

多达40余人的典故作品被他直接或间接引用（张薇，2005）。仅从这些数据来看，说计成是“掉书袋”大概是不为过的。计成学养深厚，但未尝科举，及至中年家境衰落，历尽风尘，以《园冶》自显文才，自可体谅，但其中心态，值得玩味。甚至可以说，《园冶》就是计成以文人笔法写营造故事、显个人才华的一个“舞台”。

实际上，在晚明，类似计成、文震亨这样以文人姿态进入其他领域的尝试还有许多。正如德国学者薛凤所指出的，在那个时代，一个通用的知识修辞方法是，一位学者标记出自己的思想领域，借助用语上的区别以及引用经典和前人著作来给自身定位。之后学者通过与其他思想家或者文本相连接的手段来对这些提及的文献给予独特阐释（薛凤，2015）[158]。而当时最为通行的话语是“实学”与“格物”。

明代中晚期，知识分子越来越意识到技艺的重要性，许多知识分子以各种方式参与到各类技艺活动中，但对他们来说，工艺活动更多的是手段而非结局。匠人没有知识，他们无意于去欣赏匠人和农人的技艺、能力，但他们已经意识到匠艺工作是宇宙规制的镜像。在他们眼里，学者了解理论基础，匠人只拥有经验（薛凤，2015）[141-142]，他们要做的就是用自己的理论所长去“提高产品的质量”，而将匠艺工作纳入他们已有的知识与经验范畴是举措之一。目前的史料无法帮助我们了解计成在写作《园冶》时的心态，但有几点应当是肯定的：第一，他深以自己的文人身份为傲（否则绝不可能以这种笔调来写《园冶》）；第二，《园冶》的“假想读者”并非匠人，而是文人（否则绝不可能这般引经据典）；第三，他对匠人的拘泥嗤之以鼻；第四，他认为文人应当主导营造过程。从这几点来看，计成是具有上文所说的普遍心态的。事实上，在这些文人心目中，匠人的经验固然有其价值，但只有经过文人的阐释和提升，这种价值才能够有效凸显出来，而阐述这种经验的文人话语体系早已有之，如宋应星以“气”来解释人声的形成，用“五行”来解释“朱”“墨”的形成。

实际上，匠人仅仅是一个“媒介”，计成、文震亨们真正批判的目标是已经僵化的以皇家营造为代表的传统营造体系及其背后的精神。“宫室之美，必求艳丽，以巧凿、盛装、多彩、规模之庞大以动人，……可是士人的理想是淡泊明志，在平凡中求趣味。经过元季四大画家之倡导，明以来之士人均知之甚稔，其说辞为‘淡而有味’。‘淡’是一种心理状态，‘雅’是此心理状态表现于外之形式，……故‘雅’字可综结为朴实的、适度的，与创造的。表现在建筑实质上的淡雅，自非雕梁画栋，而是对建筑用材很审慎的选择，对质感、色感的精心的鉴赏、品味。”（汉宝德，2014）[17, 19] 计成、文震亨的文字，从写法到意涵无一不透露着“淡雅”二字，而“淡雅”不啻是对当时文人最好的写照。因此与其说计成、文震亨是大动干戈，不如说是举重若轻。他们并不试图在传统营造方式之外另起炉灶，而是从细部入手，稍加改动，从而将整个匠艺世界拉入文人世界。从这个角度讲，计成、文震亨没有像李诫那般重写《营造法式》也就可以理解了。

（四）张涟：进入文人世界的匠人

文震亨、计成的笔意实际是当时整个文人精神世界的映射，这种精神也影响着当时的匠人群体，叠山匠人张涟即为其中代表。

张涟，字南垣，浙江秀水人，明清之际江南著名造园叠山匠师，原籍江苏华亭，生于明万历十五年，吴梅村言其少年学画于云间，“好写

人像，兼通山水，遂以其意垒石”（谢国桢，2004）[217]，晚岁徙居嘉兴，毕生从事叠山造园。叠山就是造园中假山，在我国，以石叠山始于南北朝，至明清达到鼎盛。中国园林是山水园林，所谓无石不成园，童寯（1984）[9]《江南园林志》有言：“吾国园林，无论大小，凡莫不有石。”可见山石对中国园林的重要性。叠山需要手艺，张涟的手艺可称一流，黄宗羲《张南垣传》录其故事：

> 涟为此技既久，土石草木咸能识其性情，每创手之日，乱石如林，或卧或立，涟踌躇四顾，主峰客脊，大礨小磝，皆默识于心，及役夫受命，涟与客方谈笑，漫应之曰：“某树下某石可置某所”，目不转视，手不再指，若金在冶，不假斧凿，人以此服其精。（谢国桢，2004）[216]

但张涟为人称道的绝不仅仅于此。古人营建假山，以“瘦、漏、透、皱”的太湖石为上，往往为求一石不惜重金，北宋著名的“花石纲”即为明证。到了南宋，姿态佳、易开采的太湖石几不可得，天然上品峰石更是可遇不可求（冷雪峰，2014）[74]，叠山因此成为极为靡费的营造事项。但张涟却以其独特的堆叠之法克服了此中弊病，黄宗羲有录：

> 至于山水能妙神逸笔墨之外，无所用长，未有如人物之变而为塑者，则自近日之张涟始，张涟，号南垣，秀水人，学画于云间之某，尽得其笔法，久之而悟曰：“画之皴涩向背，独不可通之为叠石乎？画之起伏波折，独不可通之为堆土乎？今之为假山，聚危石，架洞壑，带以飞梁，矗以高峰，据盆盎之智以笼岳渎，使入之者如

鼠穴蚁垤，气象蹙促，此皆不通于画之故也。且人之好山水者，其会心正不在远。”于是为平冈小坂，陵阜陂驰，然后错之石，缭以短垣，翳以密篆。若是乎奇峰绝嶂，累累乎墙外而人或见之也，其石脉之所奔注，伏而起，突而怒，犬牙错互，决林莽犯轩楹而不去，若似乎处大山之麓，截溪断谷，私此数石者，为吾有也。（谢国桢，2004）[216]

从这段来看，张涟叠山的实质在于用常物形成山水之感，从而一改以往叠山的靡费，且所叠之山不落俗套。黄宗羲赞其所叠之山“荆浩之自然，关仝之古淡，元章之变化，云林之萧疏，皆可身入其中也”（谢国桢，2004）[216]。如此评价，足可见张涟已占得前文所谓“淡雅”二字。

张涟极具性情，尝能直言，黄宗羲记载其讽刺吴梅村二臣之事：

梅村新朝起用，士绅饯之，演传奇，至张石匠，伶人以涟在座，改为李木匠，梅村故靳之，以扇确几，赞曰：“有窍！”哄堂一笑，涟不答。及演至买臣妻认夫，买臣唱“切莫题起朱字”，涟亦以扇确几曰：“无窍！”满堂为之愕眙。（谢国桢，2004）[216]

张涟虽为匠人，却有文人之情、文人之志、文人之识，最终也得到了文人的认可，钱谦益与之交好，吴梅村、黄宗羲为之作传，称其为进入“文人世界的匠人”恐不为过。

二、文艺复兴：进入匠艺世界的另一种方式

“援匠入文”是明清之际中国文人进入匠艺世界的一种方式，大约在同时代欧洲的知识分子也开始进入匠艺领域，但欧洲的知识分子采取了完全不同的方式，与中国文人相映成趣。

（一）中世纪：建筑的“工匠”时代

中世纪是欧洲建筑史上最为辉煌的时期之一，整个欧洲都在大兴土木。“在三个世纪的岁月中，即1050年到1350年，法国人用了几百万吨的石头建造了80座大教堂、500座教堂以及几万座的小教堂。在三个世纪的时间里，法国用去的石头比古埃及在它的任何一个时期用的石头都要多”（Erlande-Brandenburg，2003）[34]。主导这一切的是那个时代的石匠们。“如果一座伟大的建筑最终得以矗立，那将是匠师最高的荣耀”，1516年，在为其子所编的建筑设计小册子上，德国匠师劳伦兹·莱施乐写下了上述这段话（Coldstream，2002）[55]。实际上，在中世纪欧洲使得诸如大教堂等建筑“矗立”不仅是匠师的荣耀，更是他们的职责。

在中世纪的欧洲，大教堂建造的一般程序是由出资人提出需求，雇用大量的承包工匠，并指派行政管理人员对其进行管理。承包工匠中最重要的一类角色是石匠，他们可能在一个建造项目中同时扮演现代意义上的多重角色——绘图、结构工程师、承包商以及实际的操作工。他们甚至会管理石材的供应、对任务进行分包以及处理工程项目的财务工作。一个中世纪欧洲的大型的石造建筑项目最终所呈现出的样貌往往是出资人、匠师和其他建筑工人谈判协商的结果（Coldstream，2002）[83–98]。在此过程中任何一个角色似乎都与现代意义上的建筑设计师不尽相同。在此过程中绘制图纸的人与其说是“建筑师”不如说是“画师”，他们只负责为出资人描绘建筑的样貌，提供的几乎清一色是正面（façade）的二维图画，并且不会标注尺寸（Coldstream，2002）[76]，而其后的工程实施则与其未必相关，著名的巴黎圣母院的设计建造就是一个例证。在 14 世纪 30 年代一位名为让·德奥特伊的画师绘制了一幅昂贵的巴黎圣母院（Notre-Dame of Paris）的“设计画”，而实际上的建造者却是一位名为让·荷维的石匠（Coldstream，2002）[72]。在建筑建造过程中，真正的主导者还是匠师，业主倚仗匠师的专业技能完成建造项目。面对几乎毫无建筑知识与经验的业主，匠师们需要与之协商沟通并绞尽脑汁去思考如何实现其意图。当他们自己无法解决问题的时候也会邀请其他匠师提供建议并参与到工程中。但有时匠师也不完全听从业主的意见。一个有趣的例子是圣丹尼大教堂，建造教堂的匠师使用创造性的几何设计将最东面的三个小礼拜堂略微向外推了一些，而业主却对此并未置评。原因我们不得而知，或许是因为业主没有注意到，当然也有可能是由于匠师有高超的沟通技巧（Coldstream，2002）[85]。匠师的技艺与经验自不待言，匠师也有知识，对于中世纪匠师而言最重要的知识并不是力学，而是几何学。凭借几何学他们创造了一系列比例体系。依靠几何学他们不仅能绘制几乎所有构件，还能推算出平面本身。始建于 1439 年的纽伦堡圣洛伦茨教堂的唱诗厅平面图是由一个等边三角形与一个圆形所变化而成的。半圆形回廊的圆心恰好是唱诗班所在处等边三角形的顶点。

然而这令人惊叹的几何学构造并不需要相应的数学基础。利用圆形

与多边形，石匠们能够轻松绘制出各种各样的图形，甚至找到$\sqrt{2}$、$\sqrt{3}$、$\sqrt{5}$以及黄金分割等无理数比例，这些比例在中世纪建筑中随处可见（Coldstream，2002）[66-71]。确保大教堂屹立不倒的也是基于几何学而定出的“比例”而非科学理论，“中世纪的建筑设计以比例为基础。匠师们凭借比例来判断建筑是否能安好，而诸如稳定、外观以及石材形制等建筑设计的方方面面也是以比例为基础”（Coldstream，2002）[65]。谁又来保证这样的比例可行？这完全来自匠师的经验。中世纪欧洲任何关于结构理论的书面材料都没有保留下来，而从 15 世纪后期以及 16 世纪中期的德国以及西班牙石匠的手记中我们可以获知当时石匠们主要考虑的是如何实现、如何操作，而非相关的理论。当建筑的结构与外观符合当时的“礼仪”（Decorum）时，石匠们便可判断该建筑是稳定的（Coldstream，2002）[61]。著名的米兰大教堂的建造过程也说明了这一点。米兰大教堂兴建于 14 世纪后期，当时的米兰大公希望建造一座最大、最让人难忘的教堂，他还专门设立了一个建筑委员会来监督建造全过程。《米兰大教堂建筑委员会年报》记载了整个过程。从该年报来看，米兰大教堂前期的建造过程就是委员会对专家的不断否定的过程，前后多位专家都认为米兰大教堂的设计存在缺陷，有坍塌的风险，这中间甚至有著名的达·芬奇，但是最后在匠师的努力下这些专家的预言并没有应验。意料之中的是，石匠大师领导建造了哥特时代的这一座伟大的石头作品。他们监督石头的开采，指导石块的切割和加工。他们还指挥升降机和起重机将沉重的石块与砌筑材料吊起并放到施工现场的合适位置。《米兰大教堂建筑委员会年报》让我们知道了建筑艺术，尤其是石匠大师的经验和技能的重要性以及石头强度和砖石建筑的相关性。考虑到它的新颖设计，教堂的施工已成为一次重大试验。年报的记录告诉我们它的成功更多靠运气，而非委员会内建筑名家和专家的技能与知识。值得注意的是，哥特式石匠大师能完成那个时代让人惊讶的结构，尽管他们的施工方法很有限，而且缺少对负载和侧推力的理解（哈恩，2014）[85–93]。

露西–史密斯也指出，匠师们尽管有粗略的计划，而且注意到实施中的细节，但主要依靠的是经验而不是科学，没有任何迹象表明当时有某种通用的建筑理论存在。由于这种经验主义，也因为中世纪想象的鲁莽和不确定，这一时期建筑者的工艺常常超越其所能，结果是引起了某些建筑物大规模的坍塌（露西–史密斯，2006）[100]。当然也有中世纪的建筑师提到建筑活动中的“科学”，如活跃在14—15世纪的法国建筑师让·米尼奥（J. Megnot）就曾说过“缺乏科学依据的艺术一钱不值”，这里的“艺术”沿袭了从古希腊、古罗马直到中世纪的一般“艺术”概念，但这里的科学绝非现代意义上的科学，米尼奥所指的主要是神学和几何学（Ackerman，1949）。那么这些经验和知识从何而来？匠师的所有经验和知识并不来自课堂，而来自常年的建筑行业实践。尤其是那些技艺精湛的匠师，不是固定在某地，而是在哪里找到活干就在哪里出卖自己的手艺，这使他们具有了独立性以及不同于社会其他成员的特殊性。他们在仓促建起的简陋工棚里结交他们的同行（露西–史密斯，2006）[99]。走南闯北，让匠师们有机会看得更多、学得更多。当然，匠师的知识，尤其是那些几何学知识也不高深莫测，从现有的材料来看，大体就是尺规作图，利用圆形、多边形的相交与组合创造出不同的几何学图形，这一过程并不需要数学理论的参与。需要指出的是，除了作图、指导，匠师也会亲自投入建造。与主要负责垒石的普通石匠不同，通常他们负责的是石料的测量与切割。匠师们都是从普通石匠成长起来的，虽然成为匠

师的条件与标准从现有材料中尚不得而知，但我们可以了解到 5—7 年的学徒生涯可以让一名石匠成为熟练工，从熟练工到匠师则需要掌握绘制“式样”（Template）也就是图纸的技巧——这也是匠师与熟练工最大的区别，实际上他们遵循着中世纪作坊学徒制的一般模式。从上文可以看出，中世纪匠师在建筑建造过程中所扮演的角色以及其技艺、知识的传承、习得方式与明清时代中国匠人具有高度的相似性，所不同的仅仅是西方中世纪匠师是以石为基，而明清时代的中国匠人却是以木为构。有趣的是，西方中世纪匠师也有他们的图谱。13 世纪法国艺术家奥雷科尔以其所留存的草图手册著称于世，该手册现存于伦敦不列颠图书馆。对于奥雷科尔的生平和事迹，目前并无确切记载，但他的草图主要集中在建筑领域，记录了当时建筑整体及构件的式样。这些草图为后来的匠师所用，应当是事实。图 4-1 至图 4-4 即来自其草图手册。

从这些图片来看，显然它们并非可供工程应用的施工图、设计图，只能说是匠师的式样参考图（Bugslag，2001）。如果将这些图片与前文所提到的《姚承祖营造法原图》和《鲁班经》插图比较，不难发现其中的共通之处。

从上文的论述可以看出，在中世纪的建筑建造过程中真正起主导作用的是匠师，尽管可能有画家事先绘制出建筑的“式样”，但“式样”并非设计，建筑最终所呈现的造型结构、空间布局，甚至是细节装饰最终的“决定权”还是操持在匠师的手中（Coldstream，2002）[2]。有人甚至认为，在中世纪，建筑师就是匠师，不同的工匠（在其指导下）按照他们的所学开展工作、展现技艺。在中世纪，许多真正使那些大教堂矗立起来的匠师并未留下名字，一些留下名字的，世间也并没有其经历的记

图 4-1　奥雷科尔所绘中世纪建筑及构件样式（1）

图 4-2　奥雷科尔所绘中世纪建筑及构件样式（2）

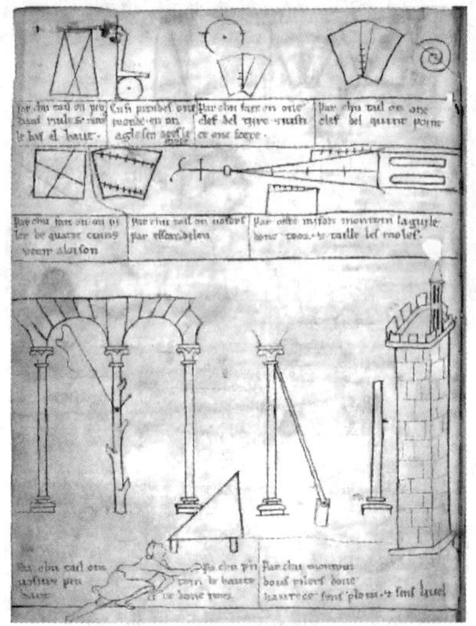

图 4-3　奥雷科尔所绘中世纪建筑及构件样式（3）

图 4-4　奥雷科尔所绘中世纪建筑及构件样式（4）

载①（郑时龄，2014）[295]。匠师无位，尽管他们技艺卓绝，但如前所述，古希腊、古罗马时代绵延下来的观念使得他们无法摆脱“手艺人”的地位。但无论如何，他们的技艺让人信服，以至于在中世纪的绘画中上帝被塑造成手持圆规的匠师形象（见图 4-5），甚至有些人索性把上帝称作“宇宙伟大的建筑匠师”（郑时龄，2014）[293]。

图 4-5　13 世纪《圣经》中的上帝形象

① 需要指出的是，中世纪的文献中也留下了许多所谓“建筑师”的身影，如巴黎圣丹尼修道院的院长絮热，他实际上是建筑建造的组织者、筹资人。

（二）为了人的建筑：文艺复兴时期建筑观念的转变

在哥特式建筑一统欧洲将近300年后，意大利人开始厌倦肋拱、尖拱和飞扶壁。布鲁内莱斯基在1431年所完成的佛罗伦萨主教堂圆顶就是一个例证。当时天主教会将集中式平面和圆顶看作异教庙宇的形制而严加排斥，但佛罗伦萨人却对此全然不管不顾（陈志华，2010）[146-147]。他们反击所持的理论武器主要来自维特鲁威和他的《建筑十书》。《建筑十书》是两千多年前唯一留存下来的建筑全书。维特鲁威崇尚柱式建筑，提出了坚固、适用、美观的建筑三原则，将对人类本身的关注作为建筑设计的前提，这些无疑都与文艺复兴的精神高度契合。因此，当1416年人文主义者布拉乔利尼从瑞士的圣加尔修道院重新“发现”该书后，维特鲁威及其《建筑十书》随即被奉为意大利建筑的圭臬。意大利人开始用柱式和圆拱对抗哥特式建筑风格。

另外，众所周知，文艺复兴的背景是诸如佛罗伦萨的美第奇家族这样的新兴工商业富翁逐渐崭露头角。原本只会在神庙、教堂中产生的“优秀建筑”在文艺复兴时期也成为他们的诉求，他们希望把自己的别墅、住宅以及自己所在城市的图书馆、议事厅等公共建筑都变成“优秀建筑”。而对于风格，这些人莫衷一是，只要能彰显“我”的身份就够了。随之而起的所谓巴洛克风格中的“巴洛克”一词是对这个时期这种要求下产生的这种杂糅的风格最好的概括。所谓“巴洛克”（Baroque），原意是“不圆的珍珠”，转意为非常规的美——换言之，只要是“美”的，“规”与“样式”并不重要。在这种背景下，各种类型、各种风格建筑的产生实际上只是早晚的问题，而柱式与圆拱只不过是这一段即将奏

响的交响乐的序章罢了。阿尔伯蒂的一段话可以说是这个即将到来时代的宣言：虽然其他一些著名的建筑师似乎通过他们的作品而主张，使用多立克，或爱奥尼，或科林斯，或塔斯干式的比例分配，是最为便利的，但没有理由说明为什么我们应该在自己的作品中追随他们的设计，好像一切都是顺理成章的；但是，更为恰当的是被他们的实例所激发，我们应该努力设计我们自己创造的作品，去抗衡，或者，如果可能的话，去超越他们作品中已有的辉煌。（阿尔伯蒂，2016）[19]

这是否意味着此后的建筑将无章可循？事实并非如此。比阿尔伯蒂稍晚的意大利另一位著名建筑理论家帕拉第奥在其集大成的《建筑四书》中给出了他的“章”：

> 在任何建筑中，（正如维特鲁威所说）有三个因素是必须考虑的，如果抛开了这三点，就没有什么值得一提的；这就是实用或适用、坚固，以及美观。（帕拉第奥，2015）[6]

维特鲁威主张适用、坚固、美观原则，但是帕拉第奥还是偷偷进行了小小的修改。维特鲁威的原话是“所有这些建筑都应根据坚固、实用和美观的原则来建造”（维特鲁威，2012）[68]，帕拉第奥将三原则中的“实用”提到了最前面。实用式适用，适“谁”之用？在帕拉第奥看来，是适“人”之用，首先要特别关注那些想要建造房屋之人（帕拉第奥，2015）[81]。维特鲁威也考虑到了人，但他更关注通过人体比例与建筑比例的类比来探索形式美的法则：

> 既然大自然已经构造了人体。在其比例上使每个单独的部分适合于总体形式，那么古人便有理由决定，要使他们的创造物变得尽善尽美，并要求单个构件与整体外观相一致。因此，他们将所有类型的建筑，特别是诸神居所的比例序列传给后代，同时这些建筑的成功与失败也会永远流传。（维特鲁威，2012）[90]

帕拉第奥则通过人体与建筑机能来寻求功能合理的途径。阿尔伯蒂显然也遵循了这一原则：

> 为夏天使用的房间应该更开放，而如果为冬天所用的房间更为封闭一些则是没有错的；夏天使用的房间需要阴影与气流；而冬天使用的房间需要阳光。必须关注的问题还有，要防止居住者在没有经过某种中间区域的情况下，从一个冷的区域到一个热的区域，或者从一个温暖的地方到一个暴露在冰冷与寒风之中的地方，这对于身体健康将是非常有害的。（阿尔伯蒂，2016）[24]

值得一提的是，文艺复兴时期的意大利人对建筑中“人”的因素的关注还体现在著作的章节安排上，与维特鲁威将神庙置于所探讨具体建筑形式之首不同，帕拉第奥则在开篇就写到了住宅建筑的重要性：住宅似乎为公共建筑提供了原型，在所有建筑门类中，没有哪个对人而言更具本质意义（帕拉第奥，2015）[6]。

“人”成为建筑的第一原则改变着人们观察、思考建筑的视角，越来越多的因素需要在建筑建造的过程中被考虑。于是，维特鲁威在其《建

筑十书》第一书的第一章就阐明“建筑师的教育”。

> 建筑师的专门技术要靠许多学科以及各种专门知识来提升。运用这些技能做成的所有作品，都要由他成熟的判断力进行评估。专门技术来自于实践与理论。实践就是反复不断地训练双手，作品是要靠双手运用设计所要求的材料完成的；而理论则是熟练而系统地对完成作品的比例进行演示与说明。
>
> 因此，那些努力获取实践性手工技能但缺乏教养的建筑师，往往事倍功半；而那些完全沉湎于理论和写作中的建筑师，则是在追逐虚无缥缈的幻影。只有那些完全掌握了这两种技能，或者说全副武装的建筑师，才能更快捷、更有力地达到他们的目标。（维特鲁威，2012）[63–64]

在这一章里维特鲁威阐明了他认为建筑师所需要掌握的理论：文字、绘图、几何学、光学、算术、音乐、数学、医学、气象学、法律、天文学，甚至包括历史学与哲学（维特鲁威，2012）[64–65]。如果说维特鲁威所述及的建筑教育内容还有些“百科全书式的和那具有哲学家特点的炫耀”（阿尔伯蒂，2016）[14]，那么在阿尔伯蒂和帕拉第奥看来当时已经到了需要认真考虑这些内容的时候了。当然阿尔伯蒂和帕拉第奥的理论并不能与今天的建筑学等量齐观，毕竟在帕拉第奥去世的时候伽利略才刚刚 16 岁。

维特鲁威的《建筑十书》、阿尔伯蒂的《建筑十书》、帕拉第奥的《建筑四书》可以说是文艺复兴及其后相当长一段时间内建筑师的教科书，尤其是帕拉第奥的《建筑四书》，以其简洁有力的语言、带有精确比例和尺寸的图纸，以及文字和图纸之间的一种显著的均衡，成为西方建筑师通向古典主义的重要桥梁，也成为现代学者研究古典主义和古代建筑所不得不依赖的重要基础（帕拉第奥，2015）[17]。就阿尔伯蒂们来说，与他们建筑学意识同时觉醒的还有他们的建筑师意识。在乔治·瓦萨里笔下，画家、雕塑家、建筑家的生活是多姿多彩的，但现实可能并非如此。在中世纪，画家、雕塑家、建筑家一般与鞋匠、面包师、理发师等手艺人为伍，即便再杰出，也只被视为技艺熟练的人。到了文艺复兴初期，一方面，许多学者认识到了其中价值，纷纷为绘画、雕塑和建筑“正名”；另一方面，在达·芬奇、阿尔伯蒂、吉贝尔蒂主动将算术、几何等“自由艺术”引入绘画、雕塑和建筑领域后，画家、雕塑家、建筑家的地位得到了提高。但从瓦萨里所描述的布鲁内莱斯基的身为公证人的父亲对其从事艺术非常不悦以及米开朗琪罗因幼时沉迷绘画而经常受到市长父亲的责骂来看，至少在意大利中上层人眼中，这些“艺术”还是不入流的，“艺术家”的地位亟待提升。

（三）作为“迪塞涅奥”：建筑师意识的觉醒

实际上，作为米开朗琪罗门徒、文艺复兴参与者的瓦萨里撰写《著名画家、雕塑家、建筑家传》的一大目的就在于为这些艺术家正名：赞美那些伟大艺术家们的辛勤劳动并重新唤起世人对他们的怀念，因为他们使各门艺术重焕生机并更加绚丽多彩，故而他们的声名不应当被无情的岁月和死神吞没（李宏，2016）[43-44]。在瓦萨里眼中，绘画、雕塑、建筑都属于“迪塞涅奥”（Disegno）。瓦萨里是这样描述“迪塞涅奥”的：

作为三门艺术——绘画、雕塑和建筑艺术之父，迪塞涅奥来源于智性（intellect），它从众多单独的事物中抽象出一种普遍的判断，就像蕴藏于自然万物中的一种普遍形式或思想。从这一知识中诞生出某种观念和判断，这种最先形成于头脑并通过双手表达出来的东西就是一种成诸精神的概念的清晰表达和声明。从普遍判断中得到关于某个事物的形象后，迪塞涅奥还需要一只通过多年学习和实践、能够自由和熟练地进行素描和正确表达的手，借助笔、银笔、碳笔或粉笔，将自然所创造的一切表达出来（刘君，2006）[274–275]。可见，在瓦萨里眼中“迪塞涅奥”并不仅仅是从形式上将绘画、雕塑和建筑整合起来了，更意味一种融合了智性认知与技艺表达的方法论。由于其中有“自由艺术”的核心——“智性”的参与，“迪塞涅奥”因此超越了“手艺”的范畴。换言之，“迪塞涅奥”也是“自由艺术”的一部分。既然如此，普通工匠自然就不能与那些真正具有“迪塞涅奥”精神的画家、雕塑家、建筑家等量齐观了。瓦萨里就是要通过自己的著作把这些文艺复兴时期的真正的“迪塞涅奥”式天才们还原出来，但还原还不是目的，“我们可以充分感受到瓦萨里的这种企盼，即想要为视觉艺术确立一个地位，想要让艺术家获得与王公贵族一样的尊严，获得青史留名、在历史著作中据有一席之地的机会”（李宏，2016）[41]。这个愿望实现了，但瓦萨里并未止步，他意识到要使得“迪塞涅奥”们获得真正的社会地位，还需要将他们从原先从属的行会中抽离出来、解放出来，让他们去到本该属于他们的地方。1563 年，瓦萨里联合蒙托索里等艺术家共同发起创立了迪塞涅奥兄弟会和学院，选举柯西莫公爵和米开朗琪罗担任院长。这个组织设有院长、理事、顾问、秘书、书记员及法官等，显示出其与行会的相似性（刘君，2006）[278]。建立“迪塞涅奥”行会是完全有必要的，在文艺复兴时期画家、雕塑家并没有属于自己的行会，在佛罗伦萨画家属于医生和药剂师行会，雕塑家属于丝绸行会，而建筑师甚至没有专门的从属组织，而全部来自其他行会（刘君，2006）[47]。

可以说，迪塞涅奥兄弟会和学院的成立是文艺复兴时期艺术家们身份自觉的一个重要表征。那么在当时建筑师又是怎样的情况？实际上建筑师们走得更远。自1416年布拉乔利尼从圣加尔修道院带回维特鲁威的《建筑十书》后，意大利建筑师们找到了不一样的身份感：理论与实践并重的观念，以及文字、绘图、几何学、光学、算术、音乐、数学、医学、气象学、法律、天文、历史、哲学这些维特鲁威所认为的建筑师必须掌握的知识，让建筑师们找到了前进的目标与自身的价值。而诸如阿尔伯蒂、科隆、乔其奥、弗拉瑞特、赛利奥、帕拉第奥和斯卡莫齐等人在当时陆续发表的著作（陈志华，2010）[175]所营造的空前活跃的建筑理论氛围，更是当时建筑师身份觉醒的明证。甚至阿尔伯蒂在其《建筑十书》中不无傲慢地说：建筑是一件多么伟大的事情，不是每一个人都能够胜任的。建筑师必须具有最强的能力、最充溢的热情、最高水平的学识、最丰富的经验，最重要的是，要严肃认真，做出准确无误的判断和建议，这样他才能够证明自己可以被称为一名建筑师（阿尔伯蒂，2016）[316]。到了16世纪中叶，建筑师终于有别于工匠，成为一种从业人员（郑时龄，2014）[301]。

（四）建筑教育：从作坊走向学院

瓦萨里建立迪塞涅奥兄弟会和学院一个更重要的目的是在达·芬奇、

拉斐尔、米开朗琪罗等文艺复兴时期天才艺术家们的伟大发明和创造的基础上，为艺术建立全新的法则，然后按照新的理论和方法培养年轻艺术家，使得他们能够用文艺复兴盛期艺术大师的风格样式来进行艺术创作（邢莉，2002）。什么是伟大的发明和创造？从内涵和精神实质来说就是“迪塞涅奥”，而从外延来说则包括了那个时代几何学、透视法、解剖学、数学、光学的发展及其在艺术领域的应用。可以说，如果没有这些知识的发展和参与，文艺复兴时期所取得的艺术成就是很难想象的。当然那些天才们绝不是拾人牙慧，相反他们是真正参与其中的。迪塞涅奥兄弟会和学院就用“技艺＋知识”的方法教育年轻的艺术家们。需要指出的是这样的方法并非迪塞涅奥兄弟会和学院的首创，它在文艺复兴之后的学徒作坊里就被采用了。实际上，从中世纪开始，欧洲绘画、雕塑和建筑的学习主要就是通过作坊的学徒教育来实现的。关于中世纪以来传统作坊学徒教育的情况，佛罗伦萨画家切尼诺·切尼尼在其《艺人手册》中进行了详细介绍，在此不再赘述。总的来说就是学徒需以实际劳作的方式学会木版画、湿壁画、木工、石雕、石膏画等各项技能，在这种教育模式下技艺传授是作坊的主要职能。到了文艺复兴之后，在一些作坊，新知识被加了进来，知识性学习活动成为学徒教育的又一个重要内容。达·芬奇就提到过他的学徒训练方式：“等你学会了透视，记住了人体的形态和各部分的比例之后，你在散步的时候，就应该注意观察和思考周围事物和人的举止。……迅速将这一切记在随身带的由不易擦掉的颜色纸订成的小本子上。”（达·芬奇 等，1998）[208] 迪塞涅奥兄弟会和学院真正的创举在于以学院教育的模式开展艺术教育。在这种学院制艺术教学模式下，学生是没有劳动要求的，年轻艺术家可以全身心投入知识与技艺的学习中。在技能训练方面，迪塞涅奥兄弟会和学院发挥了行会的优势，每年选出优秀成员进行教学，并要求其成员捐赠设计图、雕塑模型、建筑平面图、绘画底图和古代雕塑残片用于教学，还会定期对学生的作品进行评选，优秀者能参加节日庆典的设计和装饰工作。在知识传授方面，迪塞涅奥兄弟会和学院还专门聘请教师教授数学、解剖学等知识（刘君，2006）[277-278]。这种知识学习上的教师优势、资源优势显然是作坊学徒教学所无法比拟的。需要指出的是，尽管在迪塞涅奥兄弟会和学院之前，也有以“学院”为名的艺术组织存在，但从实质来看，它们更像艺术家的沙龙，教育功能并不显著。

上文所述是“迪塞涅奥”整体的教育情况，那么建筑教育领域的情况又是如何？文艺复兴时期建筑领域最伟大的发明和创造无疑是从布鲁内莱斯基、阿尔伯蒂到赛利奥所建立的透视与平行投影图学。这一“发明”使得建筑师可以实现三维图与二维图的精确转化，从而能够进行更快、更有效率的设计思考。在此基础上，16 世纪末的人文学者朱卡里进一步演绎“设计”的概念，提出一种源自某种“理念”、进行由内而外的转写的创作模式——“内在设计”。有了这种源自知性而非肢体技艺的创作概念，帕拉第奥这样的建筑师得以运用图学的知识与技术，透过平面和立体剖面图，精确地控制尺寸，将文艺复兴时期“新柏拉图主义”中代表神之理性且与音乐相通的和谐秩序，转写成可与“神圣数字序列”精确对应的空间比例组合（胡恒，2015）[57-58]。透视与平行投影图学借助学院教育这一平台迅速传播，一时间从只为少数天才掌握的“秘技”转变为普通建筑师的“通识”。加之 13 世纪以后，随着造纸技术在欧洲的普及，昂贵而又费事的羊皮纸逐渐为普通纸所替代（胡恒，2015）[56]，越

来越多的知识分子得以进入建筑领域。

伴随着“知识”对建筑领域的不断渗透，专业的学院派教学渐渐占据了建筑教育的上风。17 世纪中法国皇家建筑研究会及其学校成立，开启了建筑领域的“学院派”教学的先河。在这所学校，学习主要是通过专题讨论进行的，学生们学习古罗马的柱式，学习历史上以及当代著名建筑师的范例，研究皇家建筑和建筑论著。他们的首要任务是学习抽象的设计原理，只有在学业有成进入皇家建筑管理委员会之后，才能逐渐增加实践经验，这彻底改变了中世纪以来沿用的以实践经验为先的建筑教育模式（郑时龄，2014）[302]。皇家建筑学校由一种学说演绎出一套教学体系，无可争辩地促成了当时建筑学说的系统化整合，实现了早期的正规建筑教育体系的成型（单踊，2012）[3]。而文艺复兴无疑是这一切的开端。需要指出的是，文艺复兴之后，在相当长的一段时间内，学院派与学徒制两种建筑教育模式是共存的，如英国就长期实施建筑教育的“艺徒制”模式（郑时龄，2014）[305]，甚至中国本土培养的第一批现代意义上的建筑师也是来自外国建筑机构的学徒（钱锋 等，2008）[4-5]，但是此时的学徒制教育与之前已不可同日而语。

（五）文艺复兴之后的工匠

文艺复兴之后，建筑技艺作为“迪塞涅奥”的一个重要组成部分而一跃进入“自由艺术”范畴，地位大大提升，但绝不能据此就简单认为文艺复兴提升了工匠的地位。虽然布鲁内莱斯基等人也属于工匠，但并非中世纪操持着建筑工程的石匠出身，他们为人所称道的也是技艺中的“艺”，即知识的那一面。如前所述，文艺复兴之后，新知识、新方法的大量应用，使得更多的知识分子进入建筑领域，甚至建筑教育也因之滑向了先理论（知识）、后实践甚至重知识、轻实践的路径。而结果并非工匠地位的提升，而是建筑师作为一个独立群体的出现。文艺复兴之后，建筑师逐渐主导建筑建造过程，这种主导与中世纪时絮热式的主导完全不同，他们开始深入工程建造的方方面面，但这仅仅是一个开始。到了18世纪，随着科学技术的发展，力学原理被广泛应用到建筑工程领域，建筑工程师随之出现，建筑领域建筑师与工程师的分工逐步形成，工程师与建筑师之间的竞争和分工模式就此建立（郑时龄，2014）[310]。如果说文艺复兴时期只是剥夺了匠师在建筑形制、外观上的决定权的话，到了18世纪匠师在建筑工程结构上的决定权也彻底旁落。关于文艺复兴之后工匠的地位，露西–史密斯（2006）[132]所言可谓恰如其分：手工艺人仅仅变成了一双劳动的手，在他们之上的是作坊主。而居于这些作坊主之上的是一些实际决定产品形式的人，他们的兴趣在于追求特殊的风格。一则1833年英国议会的文件颇能说明之后发生的事情：典型的伦敦技术工人既不是酿酒工人或造船工，也不是丝织工人，而是建筑行业中的一员（汤普森，2001）[261]。与石匠、木匠等普通工匠的工资取决于劳动力市场的供给与需求不同，技术工匠的工资取决于声誉或“习惯”。（汤普森，2001）[261]如果据此认为这些“建筑行业中的一员”也是传统意义上的工匠，那就大错特错了。早在17世纪英国就有大量的知识分子进入建筑领域，到了18世纪末期和19世纪上半叶，随着英国土木工程师协会以及皇家建筑师协会的成立，一个建筑师群体（由于当时的建筑师兼任测量工作，所以也称测量师）形成。当时，“建筑工种仍然沿用中世纪的方式划分为石匠、泥瓦匠、木匠、细木工和抹灰工，但通常在测量师与各个

工种之间划分独立的合同”（郑时龄，2014）[306]，可见“建筑行业中的一员”与建筑领域的工匠已完全分开：石匠还在，但匠师却已消失不见了。

在对比明清之际与文艺复兴时期中国文人与欧洲知识分子进入匠艺世界的不同路径后，我们可以得出这样的结论。

第一，明清之际，中国文人由于对传统营造方式背后的精神内涵不满而开始理论性、知识性地涉入匠艺世界，他们采取了一种“援匠入文”的方式，试图将匠艺纳入文人的话语体系与精神世界之中。这一精神得到了匠人的支持和参与，而匠人也因此被文人世界所接纳。这种精神在中国南方绵延不绝，姚承祖的《营造法原》所记录的营造内容与方式实际上与其一脉相承，在文人世界的精神滋养中匠人们得以进一步“安身立命”。

第二，西方知识分子进入匠艺世界则采取了完全不同的“专业化”路径，这使得建筑师与工程师从工匠中独立出来，并形成一个独立的群体，现代意义上的学院式建筑教育因此而诞生。在这种局面下，工匠的生存空间却被挤压殆尽，工匠最终成为工人。

结　语

“安身立命”是指生活有所着落、精神有所寄托，最早为佛教所用，及至后来逐渐成为文人士大夫的一种境界追求。明代刘宗周在其《论语学案》中品评《论语》“君子食无求饱，居无求安”一节曾有如下之语：“人生只是居食二字，营营结果一生，今舍此不为，更有何事？独吾所学一事，是安身立命之符，不可顷刻放过。”高拱在《问辨录》中也说“学本已事，何与于人？即学至圣人亦分内耳，若能识得真境，到得实际，则安身立命自有所在”。在刘宗周和高拱看来，“为学”是达至这种境界的根本途径。所学者何？自然是圣贤学说、儒家经典。儒家学说所具备的深度、广度和超越性，足可使文人在其中盘桓一生，而在这一生盘桓中所获得的智慧与意义又足以使文人的生命价值得以矗立。实际上，在传统中国“安身立命”的又何止文人？正如上文所指出的，营造匠人凭借着深远、辽阔的“匠艺世界”，达成了自身的“安身立命”。

第一，近世以来的中国营造匠艺，内涵之丰富早已超越了通常所说的“手艺”范畴。“制图、算诀、术数、典章”与“手艺”一道构成了营造匠艺的整体，这些技艺与知识为匠人所掌握、所应用，成为他们可以凭借的“武器”，使得他们能悠游于环境规划、施工管理、建筑设计、构件设计、构建制作等营造的每个环节，但这一“技艺－知识”体系不是杂乱无章的，无论在哪个环节、无论是哪项技艺，对于营造匠人而言，“手艺”是基础，是根本。另外，这个“技艺-知识”体系虽为营造匠人所掌握、所占据，但背后的精神却与传统中国士大夫的话语体系、知识体系紧密相关，这种关联昭示了营造匠艺的开放性与可生发性，也使得营造匠人与文人士大夫的对话成为可能，样式雷的皇家营造、张涟的以石为墨、姚承祖的杏坛开讲所反映的实际上是传统中国匠艺体系与士大夫话语体系、知识体系相联系背景下匠人与文人之间的精神交流。可以说营造匠艺本身及其与中国传统士大夫话语体系、知识体系之间的关系成为近世以来中国营造匠人得以“安身立命”的基础。

第二，庞大的营造匠艺体系中的学习旷日持久、形式多样，早已超越了通常所说的“师徒制”“学徒制”范畴。在学徒期，营造匠人所能学习的只是“手艺”中基础之最基础者。诚如前文所言，与过去的认知不同，营造匠人的学徒期有其谨严的架构。对匠人而言，学徒期技艺的学习固然重要，但规矩的习得也是不可或缺，以往所认为的如帮佣、搭下手这样的“糟粕”却是学徒深入营造现场、体会行业规矩的绝好方式，从这个角度来看，说学徒期为营造匠人的终身发展奠定了基础是不为过的。但基础并非全部，营造匠人“满师”之后的自我学习才是其能否一路向上的关键。抄本、秘籍的大量存在，一方面说明了营造匠人学习方式的多样性与学习过程的长期性，另一方面也说明了营造匠人对学习、对教育的重视。从这个意义上讲，近世以来最为浩瀚的营造匠人授艺“秘籍”大约就是雷景修秘藏的样式雷烫样、图样了，正是这些秘藏，使得样式雷家族得以垄断清代皇家营造数百年。实际上，比起样式雷的秘藏，还有更多开放的“秘籍”，那就是留存在广袤中华大地上的经典建筑遗存，这些建筑实物成为一代代意图向上、矢志精进的营造匠人无言的师傅。千年来，心传、文授、口述、实参构成了营造匠人的学习图景，正是这样的学习方式、学习过程为营造匠人的“安身立命”提供了路径。

第三，在行与行会制度背景下的民间营造匠人职业生活，以及从元代开始逐步形成的匠人入仕的格局，所展现出的营造匠人的生涯发展图景大大突破了我们对匠人世界的想象。从“散户”到“不在伙”到“把作”到“小行”到“大行”到“入仕”，及至成为尚书侍郎、封妻荫子，近世以来的中国为营造匠人提供了足够的渠道，足可使其潜心，亦可使其盼望。凡此种种使得营造匠人不仅生活能够有所着落，从而实现“安身”；而且精神能够有所寄托，从而实现“立命”。正如笔者所指出的，匠艺体系的构成要素与营造匠人的生涯发展关系密切，这也要求匠人必须沉浸匠艺、亦步亦趋，从“治生”走向“恒业”。

第四，与西方文艺复兴时期建筑领域“专业化”的发展不同，明清之际的中国文人试图“援匠入文”，将匠艺世界纳入文人的知识世界、精神世界，这使得中国与西方的建筑和建筑教育走出了两条截然不同的道路，也使得其后的中国匠人、欧洲工匠的演化出现了差异。中国文人“援匠入文”的尝试得到了一部分民间匠人的响应，他们的造作将文人有关营造的理念化为现实，从而获得了文人群体的认可，营造匠人“安身立命”的内涵得以进一步延伸。

不难看出，“匠艺”作为一种中国传统建筑营造的综合技艺，不仅使传统营造匠人得以“安身”；也因为其与中国传统知识体系、文人话语体系精神上的内在关联，将营造匠人这个处于文化边缘地位的群体纳入中国文化整体框架之中，从而为营造匠人“立命”。而“安身立命”的实现使得营造匠人能够“恒”于其“业”，从客观上推动了“匠艺”的发展。由此观之，在传统中国“安身立命”的又岂止营造匠人？

当将匠人这个词从其原初意义拉回到现在，问题也随之而来，究竟什么才是匠人？所谓“劳心者治人，劳力者治于人”，我们习惯用“劳心”与“劳力”作为区分匠人的标志，更习惯于用职业来划分是不是“匠人”，但在今天看来“劳心”与“劳力”已很难区分其边界（事实上在传统社会也很难区分，“皓首穷经”难道不是一种劳力？），医生、程序员，甚至律师、教师在工作中究竟是“劳心”多一点还是“劳力”多一点？康德曾在无意中说：“手是心灵的窗户”（转引自桑内特，2015）[181]，桑内特也用其著作否定了阿伦特关于“劳动之兽”的论说，指出“劳动之兽”其实是一些能够思考的人（桑内特，2015）[10]。看来用职业是否为“劳力”来作为辨别匠人的标准已不可行。上文所述给我们从今天的立场来重新界定、思考“匠人”提供了一种思路：“匠人”是一个相对的概念，指的是沉浸于某一领域长时间实际工作的人。首先，“匠人”必须是实际工作的人，所谓实际工作是指必须投入工作实践，这种投入可能是直接用身体，也有可能是借助工具（这里的工具可能是锯子、刨子，也有可能是键盘、手术刀、笔），实践的手艺是匠人的基础。其次，在“匠人”这个名词之前一定有具体限定词，如我们能说姚承祖是中国传统建筑领域的“匠人”，但不能说他是现代建筑领域的“匠人”（当然，如果着眼于现代建筑领域中的木工工作，姚承祖也可以被称为匠人）。最后，工作者必须长时间投入，只有在长时间投入之后他才有可能获得该领域的一手经验。从这个角度来说，一个建筑设计师在具体工程营造方面可能并非匠人，但在建筑绘图方面，由于其长时间投入，则是匠人。这一定义拓展了匠人的内涵，对于厘清匠人及其教育的当代价值有重要意义。

匠人的世界中固然有口诀、图样、抄本等知识留存物与承载物，但最重要的仍然是经验。这里的“经验”指的就是“默会知识”。对于默会知识前人已多有研究，此处不再赘述，但波兰尼那句著名的与苏格拉底“我们既然知道，那么就一定能够说出来”相对的话——“我们知道的多于我们所能言说的”（郁振华，2012）[18]却值得注意。从这句话中我们能看出匠人的意义，并非所有的在劳动中形成的“匠人知识”都能用“命题性知识”表达出来，很多的技艺只能通过劳动与实践去体验、学习。当然这样的体验、学习是长时间的。匠人最引以为傲的是成熟的技艺，正是出于这个原因，简单的模仿并不能带来持续的满足感，技艺必须与时俱进。匠艺修习的缓慢性是满足感的来源，匠人可以慢慢练习，把匠艺变成自己的。缓慢的匠艺修习也让匠人在工作时能够充分发挥想象力——如果急着要得到结果，那么这种可能将不复存在。成熟意味着漫长的时间，人们需要经历很久才能拥有技艺（桑内特，2015）[367]。桑内特的这段话与上述的长时间投身是一致的。但这里的长时间可能比我们想象的长，可能要持续好几代。长时间投身一件事情很难，尤其在传统社会匠人的社会地位比较低下的情况下，更需要多重保障。近世以来的中国营造匠人通过“安身立命”“加持”了这种保障：家族对于“恒业”的追求、师徒制所确立的伦理关系、准宗教式的风俗（堪舆术数、鲁班崇拜）、行会同业的帮扶都是匠人能够“长时间投身”的保障。此外，社会地位上升甚至“入仕”的可能更使得他们能够安心于匠作。

当我们把匠艺理解为一种默会知识之后，再来思考近世以来营造匠人特殊的学习内容和学习方式，许多疑问就会迎刃而解。默会知识论把实践智慧、判断力以及启发性应用（与机械性应用相对）视为默会知识的典范，其共同点是致力于普遍和特殊的联结，并且更为重视特殊。默会知识论进而强调，在技能、鉴别力、判断力等默会能力的培养上，范例优先于规则。这意味着，类比思维或范例推理是传递默会能力的一种基本方式。与实践智慧、判断力和启发性应用相比，类比思维或范例推理更注重个别和特殊，因为它本质上是一种从个别到个别、从特殊到特殊的创造性过渡的能力（郁振华，2012）[8]。如果我们认为对实践智慧、判断力以及（与机械性应用相对的）启发性应用的培养应当秉持“范例优先于规则”的理念，那么西冈常一给的那片刨花、木匠仙师给鲁班的那些模型、福建大木匠师业余去观赏的经典建筑，甚至边学艺边工作的学徒制模式就是技艺传授的最佳手段。这样看来，绵延悠久的匠人学习模式在教育学层面上的合理性也就可圈可点了。由此来看，近世以来中国营造匠人群体留给我们的经验就不仅仅局限在营造领域了。

参考文献

ERLANDE-BRANDENBURG A，2003. 大教堂的风采 [M]. 徐波，译. 上海：汉语大词典出版社.

阿伯特，2016. 职业系统：论专业技能的劳动分工 [M]. 李荣山，译. 北京：商务印书馆.

阿尔伯蒂，2016. 建筑论：阿尔伯蒂建筑十书 [M]. 王贵祥，译. 北京：中国建筑工业出版社.

卞利，2014. 明清徽州族规家法选编 [M]. 合肥：黄山书社.

陈宝良，2016. 明代的物价波动与消费支出：兼及明朝人的生活质量 [J]. 浙江学刊（2）：87–96.

陈东原，2017. 中国教育史 [M]. 郑州：河南人民出版社.

陈明达，1981. 营造法式大木作研究 [M]. 北京：文物出版社.

陈确，1979. 陈确集 [M]. 北京：中华书局.

陈薇，2008. 阅读两部中国建筑通史　体味一个世纪史学命脉 [J]. 建筑师（4）：85–90.

陈耀东，2010.《鲁班经匠家镜》研究：叩开鲁班的大门 [M]. 北京：中国建筑工业出版社.

陈永正，1991. 中国方术大辞典 [M]. 广州：中山大学出版社 .

陈志华，2010. 外国建筑史（19 世纪末叶以前）[M]. 4 版. 北京：中国建筑工业出版社.

达·芬奇，1998. 莱奥纳多·达·芬奇笔记 [M]. 郑福洁，译. 北京：生活·读书·新知三联书店.

冻国栋，2004. 唐宋历史变迁中的“四民分业”问题：兼述唐中后期城市居民的职业结构 [J]. 暨南史学：226–242.

段玉裁，1981. 说文解字注 [M]. 上海：上海古籍出版社.

方行，1996. 清代江南农民的消费 [J]. 中国经济史研究（3）：91–98.

傅熹年，2012. 中国古代建筑工程管理和建筑等级制度研究 [M]. 北京：中国建筑工业出版社.

傅筑夫，1980. 中国经济史论丛（下）[M]. 北京：生活·读书·新知三联书店.

顾明远，1998. 教育大辞典（增订合编本）[M]. 上海：上海教育出版社.

郭黛姮，贺艳，2010. 圆明园的记忆遗产：样式房图档 [M]. 杭州：浙江古籍出版社.

哈恩，2014. 建筑中的数学之旅 [M]. 李莉，译. 北京：人民邮电出版社.

韩愈，1986. 韩昌黎文集校注 [M]. 上海：上海古籍出版社.

汉宝德，2008. 中国建筑文化讲座 [M]. 北京：生活·读书·新知三联书店.

汉宝德，2014. 明清建筑二论：斗栱的起源与发展 [M]. 北京：生活·读书·新知三联书店.

何庆先，史梅，李燕，等，2003. 中国历代考工典：四 [M]. 影印本. 南京：江苏古籍出版社.

何士晋，2013. 工部厂库须知 [M]. 北京：人民出版社.

侯洪德，侯肖琪，2014. 图解《营造法原》做法 [M]. 北京：中国建筑工业出版社.

胡恒，2015. 建筑文化研究：第 7 辑 [M]. 上海：同济大学出版社.

怀效锋，1999. 大明律 [M]. 北京：法律出版社.

黄怀信，2005. 大戴礼记汇校集注 [M]. 西安：三秦出版社.

黄应贵，1995. 空间、力与社会 [M]. 台北："中央研究院"民族学研究所.

霍尔，尼兹，2002. 文化：社会学的视野 [M]. 周晓虹，徐彬，译. 北京：商务印书馆.

计成，陈植，1988. 园冶注释 [M]. 2 版. 北京：中国建筑工业出版社.

江苏省博物馆，1959. 江苏省明清以来碑刻资料选集 [M]. 北京：生活·读书·新知三联书店.

江晓原，2015. 中国科学技术通史：I 源远流长 [M]. 上海：上海交通大学出版社.

蓝克利，2010. 中国近现代行业文化研究：技艺和专业知识的传承与功能 [M]. 北京：国家图书馆出版社.

冷雪峰，2014. 假山解析 [M]. 北京：中国建筑工业出版社.

李大平，2009. 中国古代建筑举屋制度研究 [J]. 吉林艺术学院学报（6）：7–14.

李斗，1960. 扬州画舫录 [M]. 北京：中华书局.

李弘祺，2005. 中国教育史英文著作评介 [M]. 台北：台湾大学出版中心.

李宏，2016. 瓦萨里和他的《名人传》[M]. 杭州：中国美术学院出版社.

李嘉球，1999. 香山匠人 [M]. 福州：福建人民出版社.

李诫，2013. 营造法式 [M]. 杭州：浙江人民美术出版社.

李诫，王海燕，2011. 营造法式译解 [M]. 武汉：华中科技大学出版社.

李渔，2005. 闲情偶寄 [M]. 北京：中国社会出版社.

李浈，2015. 中国传统建筑木作工具 [M]. 2 版. 上海：同济大学出版社.

李洲芳，2014. 苏派建筑香山帮 [M]. 北京：中国诗词楹联出版社.

利玛窦，金尼阁，2010. 利玛窦中国札记 [M]. 北京：中华书局.

梁思成，2001a. 梁思成全集：第四卷 [M]. 北京：中国建筑工业出版社.

梁思成，2001b. 梁思成全集：第七卷 [M]. 北京：中国建筑工业出版社.

梁思成，2006. 清式营造则例 [M]. 北京：清华大学出版社.

刘畅，2014. 雕虫故事：清华“中国古典建筑法式制度”课堂闲谈 [M]. 北京：清华大学出版社.

刘敦桢，2007a. 刘敦桢全集：第五卷 [M]. 北京：中国建筑工业出版社.

刘敦桢，2007b. 刘敦桢全集：第四卷 [M]. 北京：中国建筑工业出版社.

刘君，2006. 从工匠到“神经”天才 [D]. 成都：四川大学.

刘俊文，1992. 日本学者研究中国史论著选译：第一卷通论 [M]. 北京：中华书局.

刘托，马全宝，冯晓东，2013. 苏州香山帮建筑营造技艺 [M]. 合肥：安徽科学技术出版社.

刘叙杰，2009. 脚印 · 屐痕 · 足音 [M]. 天津：天津大学出版社.

柳宗元，1979. 柳宗元集 [M]. 北京：中华书局.

路秉杰，1991.“建筑”考辨 [J]. 时代建筑（4）：27–30.

路工，1956. 明代歌曲选 [M]. 上海：古典文学出版社.

露西–史密斯，2006. 世界工艺史：手工艺人在社会中的作用 [M]. 2 版. 朱淳，译. 杭州：中国美术学院出版社.

梅耶，2016. 应用学习科学：心理学大师给教师的建议 [M]. 盛群力，丁旭，钟丽佳，译. 北京：中国轻工业出版社.

孟元老，1982. 东京梦华录注 [M]. 邓之诚，注. 北京：中华书局.

欧阳修，宋祁，1975. 新唐书 [M]. 北京：中华书局 .

帕拉第奥，2015. 帕拉第奥建筑四书 [M]. 李璐珂，郑文博，译. 北京：中国建筑工业出版社.

潘谷西，2001. 中国古代建筑史：第四卷：元明建筑 [M]. 北京：中国建筑工业出版社.

潘谷西，单踊，1999. 关于苏州工专与中央大学建筑科：中国建筑教育史散论之一 [J]. 建筑师（90）：89-97.

潘运告，2002. 明代画论 [M]. 长沙：湖南美术出版社.

彭南生，2003. 行会制度的近代命运 [M]. 北京：人民出版社.

彭泽益，1995. 中国工商行会史料集（上）[M]. 北京：中华书局.

钱锋，伍江，2008. 中国现代建筑教育史（1920—1980）[M]. 北京：中国建筑工业出版社.

曲彦斌，1999. 行会史 [M]. 上海：上海文艺出版社.

全汉升，2016. 中国行会制度史 [M]. 郑州：河南人民出版社.

桑内特，2015. 匠人 [M]. 上海：上海译文出版社.

山东省地方史志编纂委员会，1996. 山东省志 · 民俗志 [M]. 济南：山东人民出版社.

单踊，2012. 西方学院派建筑教育史研究 [M]. 南京：东南大学出版社.

申时行，等，1989. 明会典：万历朝重修本 [M]. 北京：中华书局 .

沈榜，1980. 宛署杂记 [M]. 北京：北京古籍出版社.

沈德符，1959. 万历野获编 [M]. 北京：中华书局.

沈黎，2011. 香山帮匠作系统研究 [M]. 上海：同济大学出版社.

石荣，2013. 造园大师计成 [M]. 苏州：古吴轩出版社.

宋应星，1976. 宋应星佚著四种 [M]. 上海：上海人民出版社.

苏州历史博物馆，江苏师范学院历史系，南京大学明清史研究室，1981. 明清苏州工商业碑刻集 [M]. 南京：江苏人民出版社.

孙大章，2009. 中国古代建筑史：第五卷 [M]. 2 版. 北京：中国建筑工业出版社.

汤普森，2001. 英国工人阶级的形成 [M]. 钱乘旦，等译. 南京：译林出版社.

田汝成，1980. 西湖游览志余 [M]. 杭州：浙江人民出版社.

童寯，1984. 江南园林志 [M]. 2 版. 北京：中国建筑工业出版社.

脱脱，等，1977. 宋史 [M]. 北京：中华书局.

王春元，2013. 蛋壳里的北京人 [M]. 北京：中国青年出版社.

维特鲁威，2012. 建筑十书 [M]. 陈平，译. 北京：北京大学出版社.

魏天安，戴庞海，2007. 唐宋行会研究 [M]. 郑州：河南人民出版社.

魏征，等，1973. 隋书 [M]. 北京：中华书局.

文震亨，陈植，1984. 长物志校注 [M]. 南京：江苏科学技术出版社.

闻人军，2021. 考工记译注 [M]. 修订本. 上海：上海古籍出版社.

吴县政协文史资料委员会，1993. 蒯祥与香山帮建筑 [M]. 天津：天津科学技术出版社.

午荣，2003. 新刊京版工师雕斫正式鲁班经匠家镜 [M]. 海口：海南出版社.

西冈常一，小川三夫，盐野米松，2016. 树之生命木之心：地卷 [M]. 英珂，译. 桂林：广西师范大学出版社.

谢国桢，2004. 明清笔记谈丛 [M]. 上海：上海书店出版社.

谢国祯，2006. 明末清初的学风 [M]. 上海：上海书店出版社.

解静，林鸿，江牧，2015.《鲁班经》的流传及版本演变研究 [J]. 南京艺术学院学报（美术与设计）（6）：52–56.

邢莉，2002. 文艺复兴时期佛罗伦萨迪塞诺学院研究 [J]. 美术研究（4）：46–52.

徐鸣时，等，2020. 吴中小志四编 [M]. 扬州：广陵书社.

徐苏斌，2010. 近代中国建筑学的诞生 [M]. 天津：天津大学出版社.

薛凤，2015. 工开万物：17 世纪中国的知识与技术 [M]. 南京：江苏人民出版社.

杨苗苗，2009. 刘敦桢对中国近代建筑教育的肇始与发展的影响 [J]. 建筑创作（3）：137–145.

杨永生，2005. 哲匠录 [M]. 北京：中国建筑工业出版社.

姚承祖，1979. 姚承祖营造法原图 [Z]. 上海：同济大学建筑系.

姚承祖，1986. 营造法原 [M]. 北京：中国建筑工业出版社.

姚承祖，1987. 营造法原 [M]. 台北：明文书局.

沂源县文史资料委员会，2002. 沂源民俗 [M]. 北京：人民日报出版社.

易晴，崔勇，2015. 清代建筑世家样式雷族谱校释 [M]. 北京：中国建筑工业出版社.

俞启定，和震，2012. 中国职业教育发展史 [M]. 北京：高等教育出版社.

郁振华，2012. 人类知识的默会维度 [M]. 北京：北京大学出版社.

张宝章，雷章宝，张威，2003. 建筑世家样式雷 [M]. 北京：北京出版社.

张传玺，2014. 中国历代契约粹编（下）[M]. 北京：北京大学出版社.

张良皋，2002. 匠学七说 [M]. 北京：中国建筑工业出版社.

张履祥，2002. 杨园先生全集：中 [M]. 北京：中华书局.

张廷玉，等，1974. 明史 [M]. 北京：中华书局.

张薇，2005. 论计成其人与《园冶》其书:《园冶》文化论之一 [J]. 中国园林（7）：45–48.

张玉瑜，2010. 福建传统大木匠师技艺研究 [M]. 南京：东南大学出版社.

张玉瑜，朱光亚，2005. 福建大木作篙尺技艺抢救性研究 [J]. 古建园林技术（3）：3–7.

张正明，1995. 晋商兴衰史 [M]. 太原：山西古籍出版社.

郑时龄，2014. 建筑批评学 [M]. 2 版. 北京：中国建筑工业出版社.

中国营造学社，2006. 中国营造学社汇刊：第四卷：第一期 [M]. 北京：知识产权出版社.

周戒，2010. 房屋建筑工程专业基础知识 [M]. 北京：中国环境科学出版社.

朱启钤，2009. 营造论 [M]. 天津：天津大学出版社.

朱熹，1986. 朱子语类 [M]. 北京：中华书局.

朱熹，2010. 朱子全书 [M]. 修订本. 上海：上海古籍出版社.

诸葛净，2011. 营造 / 建筑 [J]. 建筑文化研究（1）：327–337.

ACKERMAN J S, 1949. “Ars sine scientia Nihil Est” gothic theory of architecture at the Cathedral of Milan[J]. The art bulletin, 31 (2): 84–111.

COLDSTREAM N, 2002. Medieval architecture[M]. Oxford: Oxford University Press.

BUGSLAG J, 2001. ‘Contrefais al vif’: nature, ideas and the lion drawings of Villard de Honnecourt[J]. Word & Image, 17 (4): 360–378.

附录：《明实录》所载部分营造匠官史料集

永乐十一年三月 营缮所正蔡信升工部营缮清吏司郎中。

永乐十八年十月 升营缮清吏司郎中蔡信为工部右侍郎。

洪熙元年正月 设缮工官，升工部左侍郎李友直为本部尚书，专理缮工事，而以工部右侍郎蔡信副之，并置缮工经历。

洪熙元年七月 壬辰行在工科劾奏工部侍郎蔡信，前已奏求南京来宾楼一所，以居家人，今隐而不言，又请南京廊房十间，贪冒欺诈宜置之法。上曰：小人务利，何有厌足？但今山陵方资其用，姑宥之，廊房亦不与。

宣德元年三月 先是行在工部侍郎蔡信言浙江等都司及大同、宁夏、宣府诸卫军匠在京执役者乞皆取家室至京隶锦衣卫。上不允，以问工部尚书吴中，中对军伍当与兵部议。至是兵部尚书张本等言，信奏取军匠家室计其数凡二万六千人，总二百四十五卫所，而大同宁夏诸卫皆临边境，为匠者暂役，其一丁今若尽取。如一匠止三丁、四丁，已近十万之数。仕伍既缺人情，惊骇其言不可行。上曰：朕固知其不可，彼以匠艺得官岂谙道理？但知所管属多则于己有利，岂知兵备乃国家重事，不可减撤。况比来营建已皆停止，何用劳扰？如是已而。复谓本曰：昔魏文帝欲徙冀州户十万实河南，非辛毗切谏不能止，朕尝叹魏文躁急不知民艰，方以兹自儆，卿等于事不利军民者，苟有所闻，必为朕言之。

宣德三年三月 上谕行在工部曰：畿内百姓采运柴薪闻甚艰难，自今止发军夫于白河浑河上流山中采伐，顺流运至通州及芦沟桥积贮以供用，可少苏民力。又曰：闻光禄寺散麦令民作面，面少责偿，民不胜扰。其令侍郎蔡信相度皇城外河及西湖作水磨三所，付光禄寺，庶免劳民。

宣德十年 营建大行皇帝陵寝于天寿山，勅太监沐敬、丰城侯李贤、工部尚书吴中、侍郎蔡信、督工成国公朱勇、新建伯李玉、都督沈清及内府诸衙门锦衣卫发军匠人等共十万人兴役。

正统二年四月 戊寅初行在工部右侍郎蔡信以年老请令其子祺代督工，从之未几，信又乞命祺以官，上不许。至是工部请罢给信俸。上曰：姑与之。

正统三年九月 工部右侍郎蔡信卒，遣官祭之，其辞曰：尔以精通工技，久效劳勤，兹特遣祭命官治丧葬，尔其承之。

正统六年十月 己丑以三殿二宫成……太仆寺少卿冯春、杨青俱升工部左侍郎，各赐纻丝二表里、钞二千贯。

正统七年十一月 工部右侍郎杨青卒，命有司治葬事。

正统十二年闰四月 升工部营缮所所副蒯祥、陆祥俱为工部主事。

正统十三年十月 丁巳大兴隆寺工完。……主事蒯祥、把总、作头、工匠、官军各赏钞有差。

正统十四年九月 升工部营缮司主事蒯祥、陆祥俱为本司员外郎。

景泰四年三月 大隆福寺工成，费用数十万，壮丽甲于在京诸寺。……员外郎蒯祥、陆祥俱升太仆寺少卿，纻丝一表里。

景泰七年七月 升太仆寺少卿蒯祥俱为工部右侍郎，仍督工匠。

天顺元年二月 降匠官工部右侍郎蒯祥、陆祥为太仆寺少卿，仍旧管工。先是云南道御史沈性奏，景泰年间郕府旧僚及匠作庸流皆擢美官，乞裁省之下。吏部议及是，吏部悉具职名以闻，故有是命。

天顺二年二月 乙丑赐工部尚书赵荣，左侍郎霍瑄，右侍郎翁世资、吴复、蒯祥……诰命，并封赠其祖父母父母妻。

天顺三年十二月 赐……侍郎蒯祥、陆祥各银二十两、纻丝二表里……，以成造南内殿宇工完故也。

天顺七年三月 戊申以修景陵工成。赐……工部右侍郎蒯祥、陆祥，内官黎贤各纻丝二表里、钞三千贯。

天顺八年二月 营建大行皇帝陵寝于天寿山，荐名裕陵，敕太监黄顺、吴昱，抚宁伯朱永，工部尚书白圭，侍郎陆祥督军匠营建。

成化二年七月 工部右侍郎蒯祥、陆祥九年考满俱升本部左侍郎，蒯祥起木工，陆祥起石工，以督营造，自营缮所丞累今职。

成化五年七月 甲申命工部左侍郎蒯祥、陆祥复职，吏部言二人三年考满年皆七十之上，例当致仕，特命复职。

成化五年十二月 工部左侍郎陆祥卒。祥，直隶无锡县人，初以石工隶工部郑王之国，选授工副后有荐其有异技者，召改工部营缮所丞，以营作称旨。祥有老母，病或以闻，命光禄日给酒馔并钞五锭以为养，擢工部主事进郎中，以至侍郎。祥有巧思，尝用石方寸许刻镂为方池，以献凡水中，所有鱼龙荇藻之类皆备，曲尽其巧。然为人颇谨愿，士夫不以其出自杂流而弃之，子华以译夷字篮馆阁，历官至光禄寺署正。

成化八年六月 工部左侍郎蒯祥六年满考，吏部言祥年七十有五已踰致仕之期，上以祥内官监督工年久命复职，仍旧办事。

成化十一年五月 庚戌升工部左侍郎蒯祥正二品俸，仍于内官监管

工以九年任满也。

成化十四年四月　壬子工部左侍郎蒯祥再任三年考满，吏部言祥年八十有一，已踰致仕之期，宜令其去，上命复任，仍旧内官监督工。

成化十七年三月　工部左侍郎蒯祥卒。祥，直隶吴县人，以木工起隶工部，精于其艺。自正统以来，凡百营造祥无不预，积劳累官营缮所丞，太仆少卿，工部左、右侍郎，食正二品俸，又以考满升俸一级。祥为人恭谨详实，虽处贵位，俭朴不改，常出入未尝乘肩舆，既老犹自执寻引指使工作不衰至是，卒于位，年八十四，赐祭葬如例。

成化二十三年四月　复匠官千户方应旺等八十八员全俸，时匠官汰黜之余尚存千余，例给半俸。既而少卿蒯钢等七百余人夤缘乞得全给，至是旺等援例以奏，故亦复之。

成化二十三年十月　工部疏上，传升匠官工部右侍郎蒯钢……。命降钢为顺天府治中。

弘治八年五月　乙酉工部带俸郎中蒯钢先以木工管理营造累官至工部右侍郎，上即位以科道论劾，降顺天府治中，久之复升今官，至是三年考满，年已七十一岁，例当致仕，内官监太监李广奏留之，上命复职。

嘉靖十九年七月　以皇穹宇成加恩内外效劳官员。……致仕尚书蒋瑶赏银三十两、纻丝二表里，官匠人等郭文英、徐杲以下一百六十人各升赏有差。已文英以太仆寺卿升通政司，徐杲以光禄寺署正止拟实授，杲奏辩，上诘责吏部，部言杲名下原无升一级之文，不敢擅拟，上责其欺慢，夺堂上官俸二月，司官俸五月，寻杲为太仆寺丞。

嘉靖二十四年七月　以太庙工完诏……。郭文英荫子文思院副使，支从一品俸，徐杲升二级。

嘉靖二十四年七月　初工部匠作官郭文英积功劳升至工部右侍郎，荫其子文思院副使，至是以庙工加恩再升俸级，因上疏辞俸乞升荫其子，得旨俸级不准辞，伊子准授序班鸿胪寺办事。于是给事中张元冲劾奏文英，徒以绳墨斧斤奔走冬官之府，既带俸窃衔叨恩荫叙，乃复冒渎改求，此于国体名器所关不小，宜明谕惩戒使知安分图报。疏入，上不悦，曰：名器不可不重，工役亦须得人。文英一人，何至遽坏体例耶？再论者罪之。

嘉靖三十三年四月　丁酉以京师城外工完，遣成国公朱希忠告太庙，录管工诸臣功。……工部带俸左侍郎郭文英、顺天府府丞徐杲及中书、钦天监等官各升赏有差。

嘉靖三十三年六月　戊寅带俸顺天府府丞徐杲九年考满，诏升太仆寺卿，仍带俸供事。杲匠役也。

嘉靖三十七年九月　以门工完录内外效劳诸臣，……升管工通政使徐杲为工部右侍郎，仍荫一子为文思院副使。

嘉靖三十八年十月　大玄都殿工完，诏……工部右侍郎徐杲升左侍郎，仍赏银四十两、纻丝二表里。

嘉靖三十九年九月　玉熙宫工完，……徐杲加二品服色，荫一子文思院副使。

嘉靖四十年十一月　以寿光阁清熙殿工完，诏太监袁亨等各加恩二等，于通等各一等，管工侍郎徐杲荫一子为鸿胪寺序班，仍赏银二十两、纻丝二表里。

嘉靖四十一年三月　己酉万寿宫成，……左侍郎徐杲升工部尚书，荫一子百户。

嘉靖四十一年十月 以皇极等殿工完，……徐杲支正一品俸，仍各荫一子入监读书。

嘉靖四十一年十一月 总掌工事工部尚书徐杲上疏，自言三次工完俱叨荫子，一锦衣卫百户，一文思院副使，一鸿胪寺序班。臣止有一子文灿，已授百户，独文荫未有所属，乞令文灿得并授武阶，兵部以为非例。上以杲效劳日久特授其子锦衣卫指挥佥事，不为例。

嘉靖四十四年三月 命总掌工事工部尚书徐杲子锦衣卫指挥佥事文灿世袭。杲起自工匠，累荫子文焕光禄寺典簿，文灿锦衣卫指挥佥事。主是复以洪应殿成，荫一子锦衣卫百户，杲辞，因为文灿求世袭。下兵部议，部臣言杲效荣年久，宜从其请，遂有是命。

嘉靖四十五年二月 以万法宝殿工完，……升徐杲男文灿一级。

嘉靖四十五年三月 管工尚书徐杲奏各省征解匠役扰民，请即以在京召募诸匠并本监额役相兼用之。上是其言，令各抚按官即行司府住勾，如有妄行催解者指名参治。

隆庆元年正月 革工部尚书徐杲职闲住，杲本工部官匠，先以修建功历升前职。至是考察自陈下吏部杳议，都给事中王元春等劾杲以匠役官正卿，其子文灿传升锦衣卫指挥世袭，皆滥名器、坏政体，并宜汰黜。吏部覆奏从之。

隆庆元年二月 内官监太监李芳劾奏，原任工部尚书革职闲住徐杲与监正王儒等六人前修理芦沟桥，侵盗官银万计。得旨命锦衣卫执杲等送法司鞫问，刑部拟如律追赃，发遣从之。

隆庆元年四月 追夺尚书顾可学、徐可成，侍郎朱隆禧、郭文英赠谥诰命及仆其谕祭等碑。

出 版 人　郑豪杰
责任编辑　何　蕴
版式设计　孙欢欢
责任校对　翁婷婷
责任印制　米　扬

图书在版编目（CIP）数据

安身立命：中国传统营造匠人的学习生活研究 / 吴旻瑜著.
—北京：教育科学出版社，2024.4
（教育文化研究丛书）
ISBN 978-7-5191-3828-8

Ⅰ.①安… Ⅱ.①吴… Ⅲ.①建筑工程—工人—人物研究—中国 Ⅳ.①K828.1

中国国家版本馆 CIP 数据核字（2024）第 072792 号

教育文化研究丛书
安身立命：中国传统营造匠人的学习生活研究
ANSHEN LIMING: ZHONGGUO CHUANTONG YINGZAO JIANGREN DE XUEXI SHENGHUO YANJIU

出版发行	教育科学出版社		
社　　址	北京·朝阳区安慧北里安园甲 9 号	邮　　编	100101
总编室电话	010-64981290	编辑部电话	010-64989421
出版部电话	010-64989487	市场部电话	010-64989009
传　　真	010-64891796	网　　址	http://www.esph.com.cn

经　　销	各地新华书店		
制　　作	北京大有艺彩图文设计有限公司		
印　　刷	河北盛世彩捷印刷有限公司		
开　　本	720 毫米 ×1020 毫米　1/16	版　　次	2024 年 4 月第 1 版
印　　张	12.25	印　　次	2024 年 4 月第 1 次印刷
字　　数	136 千	定　　价	56.00 元